_______________ 님의 소중한 미래를 위해

이 책을 드립니다.

야구장은
가봤지만
야구는 모르는
당신에게

야구장은 가봤지만 야구는 모르는 당신에게

박정호 지음

메이트북스

메이트북스 우리는 책이 독자를 위한 것임을 잊지 않는다.
우리는 독자의 꿈을 사랑하고,
그 꿈이 실현될 수 있는 도구를 세상에 내놓는다.

야구장은 가봤지만 야구는 모르는 당신에게

초판 1쇄 발행 2026년 4월 10일 | **지은이** 박정호
펴낸곳 (주)원앤원콘텐츠그룹 | **펴낸이** 강현규·정영훈
등록번호 제301-2006-001호 | **등록일자** 2013년 5월 24일
주소 04607 서울시 중구 다산로 139 랜더스빌딩 5층 | **전화** (02)2234-7117
팩스 (02)2234-1086 | **홈페이지** matebooks.co.kr | **이메일** khg0109@hanmail.net
값 17,500원 | **ISBN** 979-11-6002-985-7 03690

내 인생에서 가장 행복한 날은
야구 경기가 있는 날이다.

• 타이 콥('타격의 마술사'로 불린 MLB 레전드) •

　어릴 때 부모님 손을 잡고 야구장에 가던 기억이 나요. 그때는 그냥 가족과 함께 맛있는 걸 먹는 분위기가 좋았을 뿐, 정작 야구라는 운동 자체는 잘 몰랐거든요. 사회생활을 시작하고 직장 동료들과 야구장을 몇 번 더 찾게 되었는데, 뜨거운 응원 문화와 스트레스가 풀리는 야구장만의 공기가 너무 좋았지만 여전히 경기는 알듯 말듯 어렵게만 느껴졌어요.

　그러던 차에 만난 이 책은 제게 야구라는 운동의 진짜 팬이 되는 문을 열어주었습니다. 모호했던 규칙들이 퍼즐 조각처럼 맞춰지는 순간마다 "야구가 이렇게 치밀하고 재미있는 스포츠였구나!"라며 무릎을 치게 되더라고요. 특히 직장 생활로 바쁜 와중에도 틈틈이 읽기 좋을 만큼 문단이 짧고 친절해, 마치 다정한 야구 선배가 옆에서 설명해주는 기분이 들었습니다.

　저처럼 야구장의 분위기는 사랑하지만 경기는 아직 낯설게 느껴지는 직장인 분들에게 이 책을 꼭 추천하고 싶어요. 이제 제게 야구장은 단순히 스트레스를 푸는 곳을 넘어, 경기의 흐름을 읽으며 온전히 몰입할 수 있는 저만의 소중한 힐링 공간이 되었습니다. 이 책을 읽고 나면 여러분의 야구장도 이전과는 비교할 수 없을 만큼 생생하고 특별해질 거라고 확신해요!

차지현(31세, GC케어 재직)

저는 야구장에 직접 가서 응원하는 걸 정말 좋아해요! 하지만 야구장에 가거나 집에서 TV로 볼 때도 가끔은 이해 안 되는 규칙들이 있어서 답답할 때가 있었거든요. 그런데 이 책을 읽으면서 야구 규칙에 대해 제대로 알게 되었고, 최근에는 경기를 보면서 '아, 이런 걸 알아야 야구가 진짜 재밌어지는구나!'라는 걸 매일 깨닫고 있어요.

만약 이 책을 읽지 않았다면 예전처럼 그냥 가서 맛있는 거 먹고 우리 팀 응원가만 부르면서, 오로지 이기는 것에만 집중했을 것 같아요. 하지만 이제는 용어랑 규칙을 잘 알게 되니까 경기를 훨씬 더 깊게 즐길 수 있게 됐어요. 특히 차례가 잘 나눠져 있어서 모르는 부분이 생길 때마다 금방 다시 찾아보기 좋았고, 내용도 부담스럽지 않아서 틈날 때마다 꺼내 보는 제가 가장 좋아하는 책이 됐습니다.

저처럼 야구는 좋아하지만 규칙은 잘 몰라서 응원만 했던 분들에게 이 책을 꼭 추천하고 싶어요! 책을 읽고 나면 야구를 보는 시야가 훨씬 넓어지고 경기장에서 보이는 게 많아질 거예요. 그러면 야구장이 전보다 훨씬 더 가고 싶은 나만의 특별한 공간이 될 거라고 확신해요!

채송이(한림예고 1학년)

전광판이 말을 걸어오는 날이 있습니다

야구장에 처음 앉으면 전광판을 보게 됩니다. 숫자들이 바뀌는데 뭘 의미하는지 모르겠고, 옆 사람은 "아!" 하고 반응하는데 나만 멍하니 앉아 있는 느낌을 한 번쯤 겪어보셨을 겁니다. 경기는 보고 있는데 흐름이 읽히지 않는 그 막막함은 즐거운 직관의 흥을 반감시키곤 합니다.

요즘 야구장을 가보면 20~30대 여성들이 정말 많습니다. 학생들도 많고요. 직관 횟수는 늘었고, 좋아하는 선수도 생겼고, 유니폼도 샀어요. 응원가도 외웠어요. 그런데 경기를 읽는다는 게 어떤 건지는 아직 잘 모릅니다. 야구장은 가봤지만 야구는 모르는 사람들. 분위기는 100점인데 경기는 반쪽만 보이는 상태인 그 나머지 반쪽을 저는 채워주고 싶었습니다.

그런데 이상한 게 있었어요. 그 사람들을 위한 책이 없었어요. 야구 책은 두 종류예요. 규칙과 용어를 빽빽하게 정리한 딱딱한 입문서, 아니면 오랜 팬이 쓴 야구 에세이. 규칙서는 읽기 전에 덮고 싶고, 에세이는 이미 야구를 아는 사람들의 이야기예요. 야구장에 가봤지만 경기가 안 읽히는 사람을 위한 책은 그동안 찾기 어려웠습니다.

이 책은 야구장을 가보긴 했는데 야구를 모르는 사람을 위한 책이에요. 야구장 분위기는 알아요. 치맥도 맛있게 먹었어요. 응원가도 어설프게 따라 불러봤어요. 그런데 경기가 안 읽혀요. 전광판 숫자가 뭘 의미하는지, 투수가 왜 저 타이밍에 교체되는지, 감독이 왜 마운드로 걸어가는지 그 질문들에 친절하게 답하고자 합니다.

물론 야구장에 한 번도 가보지 않은 분들도 부담 없이

읽을 수 있습니다. 야구를 아예 처음 접하는 사람도 이해할 수 있도록 가장 기본적인 것부터 차근차근 설명했어요. 그래서 그런 분들도 이 책을 읽고 야구장에 가면, 첫 직관부터 훨씬 더 많은 장면이 눈에 들어올 겁니다.

이 책의 최대 장점은 어렵지 않다는 것입니다. 야구 전문 용어가 나오면 야구 선배가 들려주듯 친절하게 설명합니다. 복잡한 규칙도 "왜 그런지"부터 시작하거든요. 그리고 칼럼 하나의 길이가 짧아요. 그래서 출퇴근길에, 잠들기 전에, 야구장 가는 버스 안에서 부담 없이 한 편씩 읽기 좋습니다.

스타 선수 이야기도 많이 나옵니다. 추상적인 설명이 나올 것 같으면 바로 선수 이름과 장면으로 착지했어요. KIA 김도영이 타석에서 여유 있어 보이는 이유, LG 오지환이 유격수로 17년 동안 굳건히 버티는 비결, 삼성 원태인이나 SSG 김광현이 삼진을 잡아낼 때 팬들이 터뜨리는 함성의 의미. 선수를 알고 나면 경기가 다르게 보이거든요. 그 연결을 이 책이 친절하게 도와줍니다.

2025시즌의 기록도 알차게 담았습니다. 박해민의 도루 1위, 양의지의 타율 1위, 원태인과 임찬규의 방어율 등 2025시즌의 숫자들이 책 곳곳에 툭툭 박혀 있어요. "아, 작년에 저랬구나" 하고 실감하는 그 순간이 야구를 훨씬 가깝게 만들어줍니다. 2026시즌부터 바뀐 새 규정도 반영했습니다. 피치클록 단축, 체크스윙 비디오 판독, 수비 시프트 제한 강화. 이 책을 읽고 야구장에 갔을 때 "이거 책에서 봤어" 하는 순간이 오도록 했어요.

이 책을 다 읽고 야구장에 가면 달라집니다. 전광판이 말을 걸어오고, 투수 교체의 타이밍이 보이고, 수비 시프트가 왜 저렇게 깔렸는지 짐작이 가고, 9회말 2아웃의 긴장감이 온몸으로 느껴져요. 같은 야구장인데 예전과는 완전히 다른 경험이 되거든요.

야구는 완전히 알고 즐기는 스포츠가 아니에요. 모르는 게 생길 때마다 조금씩 알아가면서 즐기는 스포츠예요. 이 책은 그 여정의 출발점이에요. 자, 이제 야구장으로 가볼까요!

차례

1장 야구장은 가봤지만 야구는 모르는 당신에게

2장 야구 규칙, 외우지 말고 이해하자

3장　9명의 역할을 알면 경기가 보인다

4장　투수와 타자, 0.4초의 심리 게임

5장   즐기는 야구 팬이 된다는 것

1장

야구장은 가봤지만
야구는 모르는 당신에게

야구장은 가봤어요. 분위기도 알아요. 치맥도 먹었어요. 그런데 경기가 안 읽혀요. 전광판 숫자가 바뀌는데 뭘 의미하는지 모르겠고, 옆 사람은 "왜 저게 아웃이야?" 하고 묻는데 대답을 못 해요. 응원은 따라 했는데 뭘 응원한 건지도 모르겠어요. 이 책은 그 순간을 겪어본 사람을 위한 책입니다.

야구장에서 경기를 읽으려면 출발점이 있어요. 그것은 바로 전광판이에요. B, S, O 세 글자와 이닝 숫자, 득점판. 이것만 읽혀도 경기의 흐름이 보이기 시작합니다. 복잡해 보이는 숫자들이 사실은 아주 단순한 언어예요.

선수 이름과 등번호를 하나씩 외우는 것도 출발점이에요. 딱 한 명만 알아도 경기가 달라집니다. 그 선수가 타석에 들어서는 순간 집중하게 되고, 그 집중이 경기 전체로 번져나가거든요. 야구 팬이 되는 건 거창한 결심이 아니에요. 선수 한 명의 이름을 외우는 것에서 시작합니다. 거기서 시작한 관심이 어느새 유니폼 구매로 이어지거든요.

1장은 야구장에 다시 가기 전날 밤부터 시작해요. 전광판 읽는 법, 이닝과 득점의 의미, 홈팀 응원석 고르는 법, 선수의 등번호, 직관 전 10분 예습 루틴까지 미리 알고 가면 경기가 완전히 달라지는 것들을 알차게 담았습니다. 야구장 가기 전에 딱 한 번만 읽어두세요.

전광판이
말을 걸어온다
- B·S·O, 이닝 숫자, 타순을 읽는 법

야구장에 처음 앉으면 멀리 보이는 큼직한 전광판이 눈에 들어옵니다. 그런데 B가 뭔지, S가 뭔지, 저 숫자들이 왜 저렇게 바뀌는 건지 모르면 답답합니다. 옆 사람은 전광판을 보면서 "아!" 하고 반응하는데 나만 멍하니 앉아 있는 느낌이 드는 거예요.

사실 전광판의 기본 구조는 생각보다 단순합니다. 딱 세 가지만 알면 전광판이 말을 걸어오기 시작해요. B·S·O, 이 세 글자가 핵심입니다.

❈ 지금 상황이 보입니다

전광판 한가운데를 보면 B, S, O라는 세 글자가 있어요. 그 옆에 숫자가 붙어 있습니다. B는 볼(Ball), S는 스트라이크(Strike), O는 아웃(Out)이에요. 일단 이것만 알아도 전광판을 보면서 지금 상황이 어떻게 흘러가는지 느낄 수 있어요.

볼은 투수가 던진 공이 스트라이크 존을 벗어난 경우입니다. 스트라이크는 스트라이크 존을 통과했거나 타자가 헛스윙한 경우입니다. 아웃은 그 이닝에서 지금까지 공격 팀의 몇 명이 아웃됐는지를 나타냅니다.

B 옆 숫자가 3이 되면 타자는 볼넷으로 1루에 출루해요. S 옆 숫자가 3이 되면 삼진 아웃입니다. O 옆 숫자가 3이 되면 공격이 끝나고 수비와 공격이 바뀝니다.

❈ 이닝 숫자를 보세요

전광판 위쪽에는 이닝 숫자가 있어요. 1부터 9까지 표시되는데, 지금 몇 회가 진행중인지 알 수 있어요.

야구는 9이닝으로 구성됩니다. 9회말까지 동점이면 연장전을 합니다. 1이닝은 두 팀이 한 번씩 공격하는 단위예요. 원정팀이 공격하면 초, 홈팀이 공격하면 말이라고 불러요. 1회초는 원정팀 공격, 1회말은 홈팀 공격이에요. 9회말 동점 상황이 되면 전광판의 숫자 하나하나가 심장을 두드리기 시작합니다.

1회부터 9회까지 각 이닝에 몇 점을 냈는지 득점판에서 한눈에 보입니다. 적시타가 터져 결정적인 타점을 올리는 순간, 득점판의 숫자가 바뀌는 걸 보세요. 롯데와 삼성의 경기, 3회에 롯데가 2점을 냈다면 득점판 3번 칸에 2가 찍혀 있어요. 득점판의 숫자 하나가 바뀌는 순간이 경기의 흐름을 바꾸는 순간입니다.

⚾ 타순을 확인하세요

전광판에는 현재 타자가 몇 번 타자인지도 표시돼 있어요. 1번부터 9번까지 타순이 있고, 지금 몇 번 타자가 타석에 들어서 있는지 알 수 있어요.

타순은 단순한 번호가 아니에요. 타순의 의미를 알면 지금 타석에 누가 들어서는지에 따라 기대감이 달라지기 시작해요.

처음엔 전광판의 숫자들이 그냥 숫자로만 보여요. 그런데 B·S·O의 의미를 알고, 이닝과 득점판을 읽기 시작하면 전광판이 말을 걸어오기 시작합니다. B가 3이 됐을 때 "아, 투수가 지금 힘들겠구나", O가 2가 됐을 때 "이제 한 명만 더 아웃시키면 되는데", 이런 생각이 자연스럽게 흘러나오기 시작하는 거예요.

그런 과정을 거쳐 전광판은 단순한 숫자판이 아니라 경기의 심장 박동을 보여주는 창이 됩니다. 전광판을 술술 읽을 수 있게 된 날, 야구장은 예전과는 완전히 다른 공간이 되어 있을 거예요.

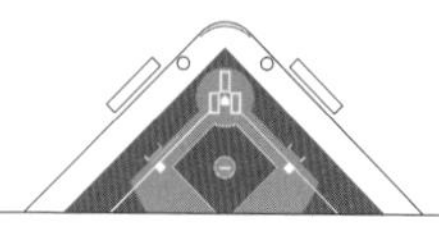

이닝, 타순, 득점
- 흐름을 파악하는 최소한의 숫자 언어

야구를 처음 보다 보면 이런 순간이 옵니다. 점수가 6대 2인데 이게 많이 차이 나는 건지 별로 안 나는 건지도 감이 안 오고, 지금 몇 회인지도 헷갈려요. 경기를 보고 있는데 경기를 읽지 못하는 느낌이 드는 거예요.

그런데 사실 야구의 뼈대는 아주 단순합니다. 다이아몬드를 한 바퀴 돌면 점수, 3아웃이면 공격 종료, 9이닝이 끝나면 경기 종료. 이 세 가지가 전부예요. 나머지 규칙들은 전부 이 뼈대에서 파생됩니다.

⚾ 이닝 — 경기의 시간 단위

야구는 9이닝으로 구성됩니다. 1이닝은 양 팀이 한 번씩 공격하는 단위예요. 원정팀이 먼저 공격하는 게 초, 홈팀이 공격하는 게 말이에요. 3아웃이 쌓이면 공격이 끝나고 공수가 바뀝니다.

야구는 농구나 축구와 달리 시간 제한이 없어요. 마지막 아웃이 나오기 전까지 어떤 역전도 가능해요. "끝날 때까지 끝난 게 아니다"라는 명언이 야구에서 나온 이유가 바로 이 구조예요.

이닝 숫자가 중요한 이유는 경기의 긴장감이 이닝에 따라 달라지기 때문입니다. 1회는 아직 여유가 있어요. 양 팀 모두 탐색하는 느낌이 있거든요. 반면 9회는 달라요. 특히 9회말 동점이나 역전 상황이 되면 경기장 전체의 온도가 올라갑니다. 두산의 강타자 양의지가 9회말 동점 상황에서 타석에 들어서는 장면을 상상해보세요. 같은 타석인데 1회와 9회의 무게가 완전히 다르거든요. 이닝을 알면 그 무게감이 느껴지기 시작합니다.

⚾ 타순 ─ 선수 배치의 이유

야구는 9명이 순서대로 타석에 들어섭니다. 1번부터 9번까지 타순이 정해져 있고, 그 순서대로 돌아가며 한 명씩 타석에 서요.

타순은 단순한 번호가 아니에요. 각 자리마다 역할이 있습니다. 1번 타자는 팀의 리드오프입니다. 발이 빠르고 출루율이 높은 선수가 맡아요. 경기 첫 타석에서 출루해 팀의 분위기를 만드는 게 임무입니다. SSG의 박성한이 1번 타자인 이유가 여기 있어요. 빠른 발로 출루하고, 도루로 상대를 흔드는 게 그의 역할이거든요.

3번, 4번은 팀에서 가장 강한 타자가 맡습니다. 클린업 트리오라고 불러요. 한화의 강백호가 중심 타선에 자리 잡고 있는 건 그 이유예요. 앞선 타자들이 출루했을 때 한 번에 점수를 뽑는 게 임무입니다.

9번 타자는 타순의 마지막이지만 끝이 아니에요. 9번 다음은 다시 1번으로 돌아오거든요. 9번 타자가 출루하면 1번 타자가 다시 타석에 서고, 그 흐름이 이어지면서 빅이닝이 만들어지기도 해요. 타순을 알면 지금 타석에 서는 선수가 어떤 역할을 하는 사람인지 알 수 있어요. 그게 보이기 시작하면 타석 하나하나가 다 다르게 느껴집니다.

⚾ 득점 – 숫자 하나가 바꾸는 흐름

야구의 점수는 축구와 다르게 한 이닝에 여러 점이 한꺼번에 나올 수 있어요. 1점 차 경기가 순식간에 5점 차로 벌어지는 게 야구거든요. 그래서 점수 차이가 작다고 안심하면 안 되고, 크다고 포기하면 안 돼요.

3점 차는 야구에서 아주 중요한 기준이에요. 홈런 한 방이면 단번에 동점이 될 수 있는 점수 차거든요. 반대로 1점 차 경기는 끝날 때까지 긴장을 놓을 수 없어요. 안타 하나, 실수 하나가 경기를 바로 뒤집을 수 있거든요.

이닝, 타순, 득점. 이 세 가지가 동시에 읽히기 시작하면 경기의 흐름이 보입니다. 지금 7회말, LG가 1점 뒤진 상황에서 3번 타자 문보경이 타석에 들어섭니다. 이 상황을 읽을 수 있다면 그 타석이 얼마나 중요한지 자연스럽게 느껴져요. 이때 관중석이 왜 술렁이는지, 왜 상대팀 감독이 투수를 바꾸는지도 이해가 됩니다.

숫자를 아는 것과 흐름을 읽는 것은 달라요. 이닝, 타순, 득점을 숫자로 보는 게 아니라 이야기로 읽기 시작하는 순간, 야구는 단순한 공놀이가 아니라 매 이닝 새로운 드라마가 펼쳐지는 경기가 됩니다.

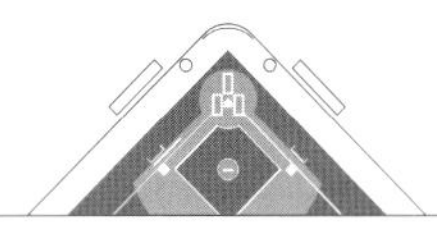

1루 쪽 응원석?
3루 쪽 응원석?
- 홈팀 응원석과 원정팀 응원석의 차이

야구장 티켓을 사고 나서 뒤늦게 이런 생각이 드는 경우가 있어요. "잠깐, 나 지금 어느 팀 응원석에 앉은 거지?" 막상 앉았더니 주변 사람들이 전부 상대 팀 응원가를 부르고 있는 상황은 생각보다 자주 일어납니다.

야구장은 크게 홈팀 응원석과 원정팀 응원석으로 나뉩니다. 이 차이를 알고 가면 티켓 한 장을 사더라도 훨씬 현명하게 고를 수 있어요.

⚾ 홈팀과 원정팀이 뭔가요

야구는 10개 구단이 각자의 홈구장을 가지고 있어요. 잠실은 LG와 두산, 수원은 KT, 인천은 SSG, 광주는 KIA, 대전은 한화, 창원은 NC, 사직은 롯데, 고척은 키움, 대구는 삼성의 홈구장이에요.

대부분의 KBO 구장은 홈팀이 1루 쪽 더그아웃을 쓰고, 원정팀이 3루 쪽 더그아웃을 씁니다. 다만 고척처럼 반대로 사용하는 구장도 있습니다.

각 프로야구 팀의 홈 구장에서 홈팀 응원석 위치는 팀별, 구장별로 조금씩 다르기는 합니다. 대체로는 홈팀 응원석은 1루 쪽에, 원정팀 응원석은 3루 쪽에 자연스럽게 형성돼요.

⚾ 홈팀 응원석의 분위기

홈팀 응원석은 그 구장에서 오랫동안 응원해온 열성 팬들이 모이는 자리예요. 응원단장과 치어리더들도 홈팀 응원석 쪽에 배치됩니다. 처음 야구장을 간다면 홈팀 응원석을 선택하세요.

홈팀 응원석은 KBO 특유의 열광적인 응원 문화를 가장 풍성하게 경험할 수 있는 자리예요. 오지환이 유격수로 나와 결정적인 수비를 해낼 때, LG 홈팀 응원석의 사람들이 일제히 일어나며 터뜨리는 함성은 경기장 전체를 뒤흔들어요.

⚾ 원정팀 응원석의 매력

원정팀 응원석은 소수지만 더 뜨겁습니다. 좁은 공간에 모여 더 크게, 더 목 터지게 응원하는 게 원정팀 응원석의 문화예요. 노시환이 한화 원정팀 응원석 앞에서 홈런을 터뜨리는 순간, 터져 나오는 함성은 홈 응원석보다 오히려 더 강렬하게 느껴질 때가 있어요.

처음엔 홈팀 응원석에서 경험을 쌓고, 나중에 내 팀이 생겼을 때 원정팀 응원을 가보세요. 야구 팬으로서 완전히 다른 세계가 열립니다.

⚔ 중립 구역도 있어요

내야 중앙 좌석과 외야 좌석은 사실상 중립 구역 역할을 해요. 응원보다는 경기 자체를 조용히 보고 싶은 분들이 주로 앉는 자리입니다.

이 중립 구역에는 두 팀 팬이 섞여 있어서 특정 팀 응원가가 크게 들리지 않아요. 처음 야구장에 가는데 아직 응원할 팀이 없는 분들, 혹은 조용히 경기에 집중하고 싶은 분들에게 맞는 자리예요.

티켓 앱에서 좌석을 고를 때 내가 응원하는 팀이 홈팀이면 1루 쪽을, 원정팀이면 3루 쪽을 예매하면 됩니다. 모르겠으면 티켓 앱에서 '홈 응원석'이라고 표시된 구역을 선택하세요. 처음 가보는 야구장이라면 홈팀 응원석이 가장 안전하고 가장 신나는 선택이에요.

물론 어느 자리에 앉든 야구장의 공기는 같습니다. 초록 잔디, 찰진 타구 소리, 관중의 함성 등 그 안에 있는 것만으로 이미 충분히 특별한 경험이에요.

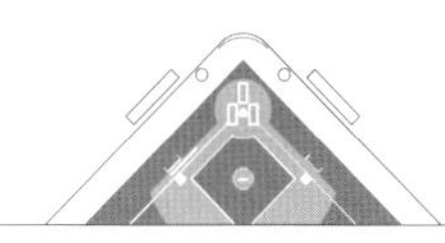

선수의 등번호를
외우는 날이 오면
– 진짜 야구 팬이 되는 순간

등번호와 이름이 새겨진 유니폼. 그런데 처음엔 저 등번호가 어떤 선수인지 모르거든요. 그라운드에 18명이 뛰어다니는데 누가 누군지 구분도 안 되고, 어느 선수를 봐야 할지도 모르겠어요.

그런데 딱 한 명의 이름과 등번호만 알아도 경기가 달라집니다. 한 명을 알면 그 선수가 타석에 들어설 때마다 집중하게 되고, 그 선수의 플레이를 따라가다 보면 어느새 경기 전체가 보이기 시작하거든요.

⚾ 등번호는 선수의 얼굴입니다

야구 선수들은 저마다 고유한 등번호를 달고 있어요. 그 번호가 곧 그 선수의 정체성이 됩니다. LG 오지환의 등번호는 1번이에요. 유격수로서 내야를 지키는 그의 등번호 1번은 팀의 상징이 됐어요. 한화 노시환의 등번호는 8번이고, NC의 박민우의 등번호는 2번입니다.

등번호를 외우면 멀리서도 그 선수를 알아볼 수 있어요. 등번호가 보이는 순간 "아, 저 선수다" 하고 시선이 자연스럽게 따라가게 됩니다. 외야 수비를 하기 위해 박해민이 달려갈 때 17번이라는 등번호가 보이는 순간, 해당 선수가 박해민임을 알고 보는 것과 모르고 보는 것은 완전히 다른 경험이에요.

⚾ 등번호에는 이야기가 있어요

등번호 하나에 선수의 각오와 사연이 담긴 경우가 많아요. 롯데 황성빈의 등번호 0번은 "아무것도 없는 곳에서 시작해 최고가 되겠다"는 투지를 담은 번호예요. 1루에서 투수를 흔드는 그의 뒷모습에 새겨진 등번호 0번을 보면 그 절실함이 느껴지거든요. 두산 양의지의 등번호 25번은 한국 야구의 전설적인 포수 박경완을 동경하며 선택한 번호예요. 25번은 이제 양의지라는 이름과 합쳐 져 '안방마님'의 상징이 됐습니다.

팀의 역사를 잇겠다는 의미를 담은 번호도 있어요. 삼성 구자욱의 등번호 5번은 라이온즈의 레전드 장효조 선배 에게서 물려받은 등번호예요. KIA 김도영의 등번호 5번 도 타이거즈 천재 내야수의 계보를 잇는 번호로 팬들 사 이에서 받아들여지고 있어요.

⚾ 한 명부터 시작하세요

처음부터 그라운드에 있는 양팀 선수 18명의 이름과 등번호를 모두 다 외울 필요는 없어요. 딱 한 명만 알고 가세요.

내가 응원하는 팀의 에이스 투수, 혹은 가장 인기 있는 타자 한 명. 그것만으로 충분합니다. 그 한 명의 타석이 오면 집중하게 되고, 그 집중이 경기 전체로 번져나가거든요.

KIA 팬이라면 김도영, LG 팬이라면 문보경이나 오지환, 한화 팬이라면 노시환, NC 팬이라면 박민우, 롯데 팬이라면 황성빈 등 이런 식으로 딱 한 명만 골라서 그 선수의 등번호를 외우고 가세요. 그 선수가 타석에 들어서는 순간, 야구장이 갑자기 다른 공간이 됩니다.

⚾ 유니폼을 사는 날이 오면

야구 팬이 되는 과정에는 여러 단계가 있어요. 처음엔 그냥 경기를 봐요. 그다음엔 좋아하는 선수가 생겨요. 그다음엔 그 선수의 유니폼을 사게 됩니다. 유니폼을 입고 야구장에 가는 날, 그날이 진짜 야구 팬이 되는 날이에요.

등번호를 외우게 되는 건 최애 선수가 생겼다는 신호예요. 특별히 눈에 가는 선수가 생겨요. 타석에 들어설 때마다 기대가 되고, 안타를 치면 더 기쁘고, 아웃이 되면 너무나 아쉬운 선수. 그 선수의 등번호가 제일 먼저 외워지거든요.

최애 선수가 생기면 야구장 가는 이유가 하나 더 생겨요. 오늘 그 선수가 잘할지 보러 가는 거거든요. 경기 결과보다 그 선수의 타석 하나가 더 중요하게 느껴지는 날도 옵니다. 바로 그게 팬심이에요.

좋아하는 선수의 등번호가 새겨진 유니폼을 입고 응원석에 앉는 순간, 그 선수와 나 사이에 뭔가 연결되는 느낌이 생겨요. 김도영의 유니폼을 입은 KIA 팬이 김도영의 타석을 바라볼 때의 그 감정은, 야구 직관을 시작한 사람만 알 수 있는 감각입니다.

유니폼 등번호 하나가 당신을 야구 팬으로 만드는 출발점이 될 수 있어요. 등번호를 외우는 선수가 한 명씩 늘어날수록, 야구장은 점점 더 익숙하고 따뜻한 공간이 됩니다. 그게 야구 팬이 되는 가장 자연스러운 방법이에요.

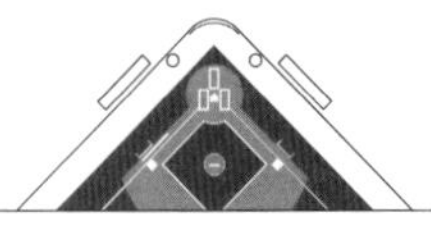

직관 전날 밤,
이것만 미리 알아두자
- 내일 경기를 예습하는 10분 루틴

야구장 가기 전날 밤, 설레는 마음으로 누웠는데 문득 이런 생각이 드는 경우가 있어요. "내일 어느 팀이랑 붙는 거지? 선발 투수는 누구더라? 우리 팀이 요즘 잘하고 있나?"

아무것도 모르고 가도 야구장은 재미있어요. 그런데 조금만 미리 알고 가면 훨씬 더 재미있습니다. 예습이라고 해서 거창한 게 아니에요. 딱 10분이면 충분해요. 그 10분이 내일 3시간을 완전히 바꿔놓거든요.

⚾ 1분 — 내일 경기 기본 정보 확인

가장 먼저 내일 경기의 기본 정보를 확인하세요. 어느 팀과 붙는지, 경기 시작 시간은 몇 시인지, 홈 경기인지 원정 경기인지. 이건 티켓을 살 때 이미 알고 있는 내용이지만 한 번 더 확인하는 거예요. 구장 이름과 위치도 함께 확인하세요. 처음 가는 구장이라면 교통편도 미리 봐두는 게 좋아요.

KBO 공식 앱이나 네이버 스포츠에서 1분 안에 다 확인할 수 있어요.

⚾ 3분 — 선발투수 확인

야구에서 선발투수는 그날 경기의 성격을 결정합니다. 에이스급의 투수가 나오는 날은 점수가 많이 나오지 않으면서 투수전이 펼쳐질 가능성이 높아요. 반대로 불안한 선발투수가 나오는 날은 점수가 많이 나오면서 화끈한 타격전이 될 수 있어요.

선발투수가 갑자기 부상을 당해 불펜투수가 급하게

선발로 나온다면, 그날 경기는 투수 운용이 복잡해질 수 있어요. 오랜 이닝을 소화하는 LG의 임찬규가 선발투수로 나온다면 안정적인 투수전을 기대할 수 있고요. 선발투수 이름 하나만 알아도 오늘 경기가 어떤 색깔일지 어느 정도 예상이 됩니다.

✖ 3분 – 최근 팀 분위기 확인

요즘 우리 팀이 잘하고 있는지, 혹은 부진한지를 알면 경기를 보는 맥락이 생겨요. 5연승 중인 팀과 5연패 중인 팀이 붙는다면, 분위기가 완전히 다른 경기가 됩니다. 연승 중인 팀은 자신감이 넘치고, 연패 중인 팀은 뭔가 돌파구가 필요한 상황이에요. 그 맥락을 알고 경기를 보면 감독의 선택 하나하나, 선수 교체 하나하나가 다르게 읽혀요.

네이버 스포츠나 KBO 공식 사이트에서 최근 5경기 결과를 살펴보면 3분 안에 내가 응원하는 팀의 분위기가 파악돼요. 삼성이 요즘 타선이 살아있다, NC가 요즘 불펜이 흔들리고 있다, 이런 사전 정보가 경기 관람의 배경이 됩니다.

✖ 3분 – 오늘 주목할 선수 한 명 찾기

마지막으로, 오늘 경기에서 주목할 선수 한 명을 정하세요. 꼭 유명한 선수일 필요는 없어요. 최근 타격감이 오른 선수, 최근 3경기 연속 홈런을 친 선수. 네이버 스포츠 경기 프리뷰나 각 구단 SNS에 이런 정보가 자주 올라와요.

오늘 KIA 김도영이 시즌 10호 홈런을 앞두고 있다는 걸 알고 가면, 김도영이 타석에 들어설 때마다 기대감이 달라집니다. 삼성 김성윤이 최근 5경기 연속 멀티히트 중이라는 걸 알고 가면, 김성윤의 타석이 그냥 지나치지 않아요.

주목할 선수 한 명이 있으면 경기 내내 그 선수를 따라가는 재미가 생겨요. 그게 경기에 몰입하는 가장 자연스러운 방법이에요.

기본 정보, 선발 투수, 팀 분위기, 주목할 선수. 이걸 다 알아보는 데 합쳐서 딱 10분이에요. 이 10분을 투자하면 내일 야구장에서 완전히 다른 경험을 하게 됩니다. 배경지식이 생기면 경기가 입체적으로 보이기 시작해요. 감독이 왜 저 선수를 교체하는지, 왜 저 타이밍에 작전을 거는지가 조금씩 이해되거든요.

직관 전날 밤은 설레는 밤이에요. 그 설렘에 10분만 더 하세요. 내일 경기를 미리 그려보는 그 시간이, 야구장에서의 3시간을 훨씬 풍성하게 만들어줍니다.

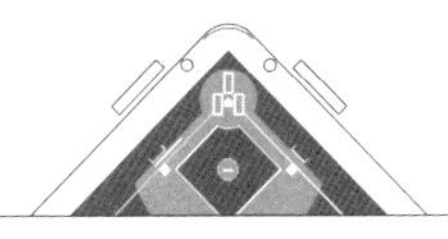

혼자 야구장에
가도 괜찮아
– 혼직관의 세계에 오신 걸 환영합니다

야구장에 가고 싶은데 같이 갈 사람이 없어요. 이런 이유로 야구장을 못 가는 분들이 생각보다 많아요. 친구들은 야구에 관심이 없고, 가족들은 바쁘고, 남자친구는 오히려 너무 열성팬이라 옆에서 설명을 들으면서 봐야 할 것 같고. 결국 "다음에 같이 갈 사람 생기면 가야지" 하고 미루다 시즌이 끝나버리는 거예요.

야구장에는 혼자 가도 됩니다. 아니, 혼자 가는 게 더 좋을 때도 있어요.

⚔ 혼직관은 이미 문화입니다

혼밥, 혼영, 혼행 등 혼자 하는 문화가 자연스러워진 지 오래예요. 야구장도 마찬가지입니다. 혼자 야구장에 가는 것, 줄여서 혼직관이라고 불러요. 요즘 야구장에 가 보면 혼자 앉아서 경기를 보는 사람들이 정말 많아요.

내야 중앙석에 혼자 앉아 조용히 경기를 분석하는 사람, 외야 응원석에 혼자 앉아 누구보다 크게 응원가를 부르는 사람. 혼직관은 이미 야구장 문화의 일부가 됐어요. KBO 구단들도 이런 흐름을 알고 있어요. 1인석 패키지, 혼직관 이벤트를 따로 준비하는 구단도 있을 정도거든요.

⚔ 혼직관의 진짜 장점

혼자 야구장에 가면 생기는 가장 큰 장점은 내 페이스 대로 즐길 수 있다는 거예요. 같이 간 사람이 있으면 신경 쓰이는 게 많아요. 저 사람은 지루해하지 않나, 배고프다고 하면 어떡하나, 경기가 재미없으면 미안하지 않나. 그런데 혼자 가면 그런 게 없어요. 내가 보고 싶은 장면에 집중하고, 내가 응원하고 싶을 때 응원하면 돼요.

경기에 집중하고 싶은 날, 선수들의 움직임을 하나하나 관찰하고 싶은 날, 혼직관이 딱이에요. 김주원의 수비 위치를 관찰하고, 안현민이 타석에서 어떤 표정을 짓는지 보고, 양의지가 포수 자리에서 어떻게 투수를 리드하는지 천천히 집중해서 읽을 수 있어요. 누군가와 대화하지 않아도 되니까요.

✖ 혼직관이 처음이라면 이렇게 가세요

처음 혼직관을 간다면 내야석을 권해요. 외야 응원석은 단체로 응원하는 분위기라 혼자 있으면 조금 어색할 수 있거든요. 내야석은 각자 자기 경기를 보는 분위기라 혼자 앉아 있어도 전혀 이상하지 않아요.

자리는 통로 쪽이 편해요. 매점이나 화장실을 갈 때 옆 사람에게 미안해하지 않아도 되거든요. 혼자니까 눈치 볼 필요도 없이 자유롭게 움직일 수 있어요.

스마트폰에 KBO 앱이나 네이버 스포츠를 켜두면 도

움이 돼요. 경기 중에 궁금한 게 생기면 바로 찾아볼 수 있거든요. 노시환이 타석에 들어서는데 오늘 타율이 궁금하면 바로 확인하면 되고, 심우준이 수비에서 나오는데 어떤 선수인지 모르겠으면 그 자리에서 찾아보면 돼요. 함께 간 사람 눈치 볼 필요 없이 내 궁금증을 마음껏 해소할 수 있는 게 혼직관의 또 다른 장점이에요.

✕ 혼자여서 더 잘 보이는 것들

혼직관을 몇 번 하다 보면 신기한 경험을 하게 됩니다. 함께 갔을 때는 몰랐던 것들이 보이기 시작해요. 내야수들이 미세하게 수비 위치를 조정하는 것, 감독이 더그아웃 앞에 서서 수비 시프트를 지시하는 것, 포수가 투수에게 사인을 내기 전에 타자의 발 위치를 확인하는 것. 이런 디테일들은 대화 없이 경기에만 집중할 때 눈에 들어오거든요.

혼직관을 즐기는 사람들이 야구를 더 깊이 이해하게 되는 이유가 여기 있어요. 혼자이기 때문에 경기에 완전히 몰입할 수 있고, 그 몰입이 야구를 더 입체적으로 보게 만들어요.

처음 혼직관을 하고 나면 두 가지 중 하나가 일어납니다. "다시는 혼자 오지 말아야지" 아니면 "다음에도 혼자 와야겠다." 그런데 대부분은 후자예요. 혼자만의 시간으로서 야구장이 얼마나 좋은 공간인지 알게 되거든요.

좋아하는 타자를 혼자 조용히 바라보다가, 그가 안타를 치는 순간 나도 모르게 박수를 치고 있는 자신을 발견하게 됩니다. 옆에 아무도 없는데 혼자 환호하는 그 순간, 야구가 내 안에 들어온 거예요. 혼직관의 세계에 오신 걸 환영합니다.

2장

야구 규칙,
외우지 말고 이해하자

야구 규칙이 복잡하다는 말을 많이 해요. 맞아요, 파고들면 끝이 없습니다. 보크, 인필드플라이, 수비 방해, 타격 방해 등 경기를 보다 보면 생전 처음 보는 상황이 툭툭 튀어나와요. 그럴 때마다 야구가 어렵다는 생각이 드는 건 당연해요.

그런데 규칙은 달달달 외우는 게 아니에요. 이유를 알아가며 이해하는 거예요. 왜 저게 아웃인지, 왜 주자가 공짜로 베이스를 얻는지, 왜 타자가 그냥 1루로 걸어가는지 등 그 이유를 알면 규칙이 자연스럽게 따라옵니다.

규칙은 모든 상황을 공정하게 만들기 위해 설계된 것들이거든요. 설계 의도를 알면 규칙이 논리로 보이기 시작해요.

스트라이크와 볼의 차이, 타자가 아웃되는 세 가지 길, 주자가 살고 죽는 법, 도루와 희생번트의 의미. 이 정도만 이해해도 경기의 90퍼센트는 읽힙니다. 나머지 10퍼센트는 직관을 거듭하면서 자연스럽게 채워져요.

2장을 다 읽고 나면 "왜 저게 아웃이야?"라는 질문이 줄어들 거예요. 그 대신 "아, 그래서 저랬구나"라는 말이 늘어나게 될 거예요. 규칙을 아는 것과 경기를 읽는 것은 달라요. 2장은 그 차이를 만드는 장이에요. 2장은 규칙을 이해하는 쪽을 목표로 합니다. 이제 '왜'가 보이기 시작하면, 야구는 예전과 완전히 다른 스포츠가 됩니다.

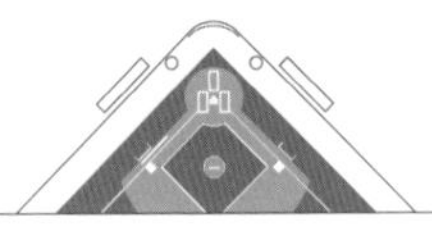

야구의 뼈대

- 3아웃, 9이닝, 그리고 다이아몬드

야구를 처음 보는 사람들이 가장 많이 하는 말이 있어요. "규칙이 너무 복잡한 거 아니야?" 맞아요, 야구는 규칙이 많아요. 보크, 인필드플라이, 수비 방해 등 파고들면 끝이 없어요.

그런데 사실 야구의 뼈대는 아주 단순합니다. 복잡한 규칙들은 전부 이 단순한 야구의 뼈대 위에 얹혀 있는 거예요. 그러므로 야구의 뼈대만 알면 경기의 90퍼센트는 이해됩니다.

⚜ 다이아몬드가 모든 것의 출발입니다

야구장 그라운드 한가운데를 보면 네 개의 하얀 베이스가 있어요. 홈플레이트, 1루, 2루, 3루입니다. 이 네 개가 마름모 모양으로 배치돼 있어요. 이걸 다이아몬드라고 부릅니다.

야구는 이 다이아몬드를 중심으로 모든 게 돌아가요. 타자는 홈플레이트에서 공을 치고, 1루·2루·3루를 차례로 밟고 다시 홈플레이트로 돌아오면 1점을 얻습니다. 단순하죠? 공을 치고 다이아몬드를 한 바퀴 돌면 점수가 나는 게 야구의 본질이에요.

그런데 그게 쉽지 않아요. 수비하는 팀이 온갖 방법으로 막거든요. 그 공격과 수비의 싸움이 야구입니다.

⚜ 3아웃이면 공격이 끝납니다

공격하는 팀은 타자를 한 명씩 타석에 내보냅니다. 수비하는 팀은 그 타자를 아웃시키려 해요. 아웃이 3개 쌓이면 공격이 끝나고 공격과 수비가 바뀝니다.

아웃은 여러 방식으로 만들어져요. 타자가 스트라이크 3개를 받으면 삼진 아웃, 친 공을 수비수가 땅에 떨어지기 전에 잡으면 플라이 아웃이에요. 친 공이 굴러갔는데, 타자가 1루를 밟기 전에 공이 먼저 도착하면 땅볼 아웃이에요.

3아웃이라는 숫자가 중요한 이유는 긴장감 때문이에요. 아웃이 2개 쌓인 상황, 즉 투아웃 상황은 야구에서 가장 극적인 순간 중 하나예요. 아웃 하나만 더 나오면 공격이 끝나거든요. 이 상황에서 KIA의 강타자 김도영이 타석에 들어선다면, 경기장 전체가 숨을 죽입니다.

✖ 9이닝이 경기의 흐름을 만듭니다

야구는 9이닝으로 구성됩니다. 1이닝은 양 팀이 한 번씩 공격하는 단위예요. 원정팀이 먼저 공격하는 게 초, 홈팀이 공격하는 게 말이에요.

9이닝이라는 구조가 야구를 다른 스포츠와 다르게 만들어요. 앞에서도 이야기했듯, 농구나 축구는 시간이 정해져 있어 시간이 다 되면 경기가 끝나지만, 야구는 정해진 시간이 없어요. 3아웃 27번, 총 27개의 아웃이 쌓여야 경기가 끝납니다. 이론적으로 마지막 타자가 아웃되기 전까지 역전이 가능해요.

9회말 2아웃에서 역전 홈런을 치는 게 가능한 이유가 여기 있어요. 시간이 아니라 아웃으로 경기가 끝나기 때문이에요.

⚾ 공격과 수비가 명확히 나뉩니다

야구는 축구나 농구와 달리 공격과 수비가 완전히 분리됩니다. 공격하는 팀은 타자를 내보내고, 수비하는 팀은 9명이 그라운드에 나가 타구를 처리해요. 동시에 공격과 수비를 하는 게 아니에요. 내가 공격할 때 상대는 수비만 하고, 상대가 공격할 때 나는 수비만 합니다.

이 구조가 야구를 더 집중해서 볼 수 있게 만들어요. 지금 공격 중이면 타자에게만 집중하면 되고, 지금 수비 중이면 수비수들의 움직임을 보면 돼요. 두산의 박찬호가 유격수로 수비에 나서는 장면, KT의 박영현이 마무리로 마운드에 오르는 장면 등 각각의 순간에 집중할 수 있는 게 야구의 구조적인 장점이에요.

뼈대를 알면 나머지는 자연스럽게 따라옵니다. 다이아몬드를 한 바퀴 돌면 점수, 3아웃이면 공격 종료, 9이닝이 끝나면 경기 종료. 이 세 가지가 야구의 뼈대예요. 나머지 규칙들은 전부 이 뼈대에서 파생됩니다. 도루도, 희생번트도, 병살타도 전부 이 단순한 구조 위에서 일어나는 일이에요. 뼈대를 알고 나면 복잡해 보이던 규칙들이 하나씩 자리를 잡기 시작합니다.

처음 야구장에 가서 전광판을 보며 "지금 몇 아웃이지? 몇 회지?" 하고 확인하는 그 행동 자체가 이미 야구를 이해하기 시작한 거예요. 뼈대만 알면 나머지는 경기를 보면서 하나씩 채워져요. 서두를 필요 없어요.

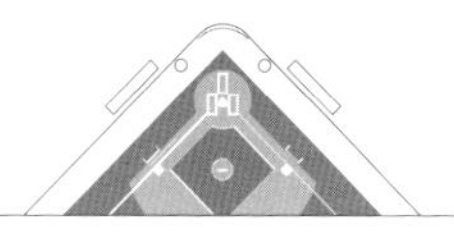

스트라이크·볼·파울
– 헷갈리는 세 가지를 한 번에 정리

야구를 처음 보면 심판이 손을 들 때마다 헷갈립니다. 저게 스트라이크인지 볼인지, 파울은 또 뭔지. 타자가 공을 쳤는데 왜 아직 게임이 계속되는 건지. 중계를 보다가 "지금 볼카운트가 어떻게 된 거야?" 하고 혼란스러운 순간이 오거든요.

스트라이크, 볼, 파울. 이 세 가지는 야구에서 가장 자주 나오는 상황이에요. 이것만 정리되면 타석을 보는 눈이 완전히 달라집니다.

⚔ 스트라이크 – 투수에게 유리한 공

스트라이크는 두 가지 경우에 선언됩니다.

첫째, 투수가 던진 공이 스트라이크 존을 통과했을 때예요. 스트라이크 존은 타자의 무릎 위와 어깨 아래(유니폼 상단) 사이, 홈플레이트 위를 통과하는 공간이에요. 그 존을 통과한 공은 타자가 치든 안 치든 스트라이크가 됩니다.

둘째, 타자가 배트를 휘둘렀는데 공을 맞히지 못했을 때예요. 이걸 헛스윙이라고 해요. 공이 어디로 오든 배트를 한 번 휘둘렀으면 스트라이크입니다.

스트라이크가 3개 쌓이면 삼진 아웃이에요. 그 순간이 투수에게는 가장 통쾌한 순간이에요.

⚔ 볼 – 타자에게 유리한 공

볼은 스트라이크 존을 벗어난 공이에요. 투수가 던졌는데 존 밖으로 빠졌고, 이때 타자가 배트를 휘두르지 않았다면 볼이 선언됩니다.

볼이 4개 쌓이면 볼넷이에요. 볼넷이 되면 타자는 배트 한 번 휘두르지 않고 1루로 걸어 나갈 수 있어요. 이걸 출루라고 합니다. 투수 입장에서는 볼넷이 제일 불편한 상황이에요.

그래서 볼카운트가 3볼이 되면 투수는 압박을 받아요. 다음 공도 볼이면 볼넷이 되거든요. 이 상황에서 투수가 어떤 공을 던지느냐, 타자가 어떻게 대응하느냐가 그 타석의 핵심이 됩니다. NC의 박민우 같은 선구안이 좋은 타자들은 이 상황을 아주 잘 활용해요.

⚾ 파울 – 경기가 계속되는 공

파울은 타자가 공을 쳤는데 파울라인 밖으로 나간 경우예요. 홈플레이트 양옆으로 그어진 선 바깥으로 공이 나가면 파울입니다.

파울의 핵심은 경기가 계속된다는 거예요. 파울이 나면 볼카운트에서 스트라이크가 하나 추가되지만, 딱 2스트라이크까지만 올라가요. 이미 2스트라이크인 상황에서는 파울을 쳐도 삼진이 되지 않습니다. 그런 이유로 2스트라이크에서 계속 파울을 치면서 한 타석이 아주 길게 이어질 수 있어요.

그래서 타자들은 2스트라이크 상황에서 의도적으로 파울을 만들어내기도 해요. 삼진을 피하면서 투수를 지치게 만드는 전략이에요. 끈질긴 타격으로 이름을 날린 키움의 이용규가 연신 파울을 쳐내며 투수의 공을 많이 던지게 만드는 장면, 베테랑 타자의 기술이 느껴지는 순간이에요.

0볼 0스트라이크에서 시작한 타석이 3볼 2스트라이크 풀카운트까지 가면 어떻게 될까요? 다음 공이 볼이면 볼넷으로 출루, 스트라이크면 삼진 아웃, 파울이면 그 타자와의 승부가 계속 이어지는 거예요. 그 한 공에 모든 게 걸린 순간이 됩니다.

타자가 풀카운트 상황에서 투수와 맞서는 장면, 관중석이 조용해지는 그 순간의 긴장감. 이처럼 스트라이크,

볼, 파울에 대해 알고 나면 그 긴장감이 몸으로 전달되기 시작합니다.

스트라이크, 볼, 파울. 이 세 가지가 조합되면서 타석의 드라마가 만들어집니다. 타석은 단순히 공을 치는 게 아니에요. 스트라이크와 볼 사이에서 투수와 타자가 벌이는 심리전이에요. 그 심리전을 읽을 수 있게 된 순간, 야구는 완전히 다른 스포츠가 됩니다.

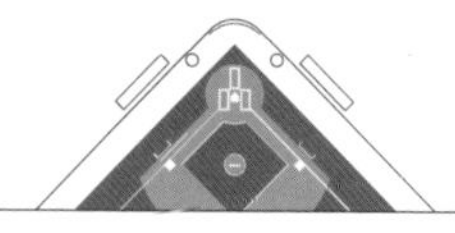

타자가 아웃되는
세 가지 길
– 삼진·뜬공·땅볼

야구를 처음 보는 분들이 가장 많이 하는 질문 중 하나가 바로 이겁니다. "저 선수, 방금 뭔가 했는데 왜 아웃이에요?"

타자가 아웃되는 장면은 경기 내내 수도 없이 나옵니다. 그런데 막상 설명하려면 말문이 막히는 분들도 많아요. 사실 타자가 아웃되는 방법은 크게 세 가지로 나뉩니다. 삼진, 뜬공, 그리고 땅볼이에요. 이 세 가지만 이해하면, 경기의 절반은 읽힙니다.

⚔ 첫 번째 길 — 삼진

삼진은 가장 극적인 아웃입니다. 스트라이크가 세 개 쌓이면 타자는 삼진을 당하며 그대로 물러나야 해요. 투수 입장에서는 가장 통쾌한 순간이고, 타자 입장에서는 가장 씁쓸한 순간이기도 합니다.

삼진에는 두 종류가 있어요. 타자가 배트를 휘둘렀는데 공을 맞히지 못한 헛스윙 삼진, 그리고 배트를 아예 들지 않았는데 심판이 스트라이크를 선언하는 루킹삼진입니다.

루킹삼진은 보는 사람 입장에서 좀 의아할 수 있어요. 타자가 멀쩡히 서 있는데 갑자기 아웃이 되니까요. 그런데 이건 타자가 멍하니 있던 게 아닙니다. KIA의 마무리 정해영이 풀카운트 상황에서 바깥쪽 낮은 슬라이더를 정교하게 꽂아 넣을 때, 타자는 "볼인가, 스트라이크인가" 0.3초 안에 판단을 내려야 해요. 그 찰나의 판단이 틀리는 순간, 배트 한 번 못 휘두르고 그대로 아웃이 됩니다. 루킹 삼진 장면이 나올 때 KIA 팬들이 가장 크게 환호하는 이유가 바로 이겁니다.

포인트는 이겁니다. 스트라이크 존을 통과한 공을 그냥 보내버리면 심판은 가차 없이 손을 올립니다.

⚾ 두 번째 길 — 뜬공

타자가 공을 맞혔는데 공이 하늘로 높이 떠오른 경우입니다. 이때 수비수가 공이 땅에 떨어지기 전에 잡아내면 그대로 아웃이에요. 야구에서는 이걸 '플라이 아웃'이라고 합니다.

뜬공 아웃의 묘미는 긴장감에 있습니다. 공이 하늘 높이 떠오르는 순간, 경기장 전체가 잠깐 숨을 죽여요. LG의 중견수 박해민이 잠실야구장 외야의 깊숙한 곳까지 전력 질주해서 펜스 바로 앞에서 점프 캐치를 해내는 장면을 본 적 있으신가요? 그 플레이를 보고 있으면 뜬공이 절대 '그냥 쉬운 아웃'이 아니라는 걸 실감하게 됩니다. 외야수는 바람의 방향, 타구의 궤적까지 순간적으로 계산해야 하거든요.

그래서 외야수가 어려운 타구를 멋지게 잡아냈을 때 관중들이 환호하는 겁니다. 당연히 잡는 것처럼 보여도, 사실은 전혀 당연하지 않은 플레이예요.

⚾ 세 번째 길 — 땅볼

타자가 친 공이 땅으로 굴러가는 경우입니다. 수비수가 그 공을 잡아서 타자보다 먼저 1루에 송구하면 아웃이에요. 이걸 '그라운드 아웃' 혹은 '땅볼 아웃'이라고 합니다.

여기서 포인트는 '누가 먼저냐'입니다. 공을 친 타자는 배트를 내려놓고 1루를 향해 전력으로 달립니다. 수비수는 공을 잡아 1루수에게 던지고, 1루수는 베이스를 밟으며 공을 받아야 해요. 타자의 발이 베이스에 먼저 닿으면 세이프, 공이 먼저 도착하면 아웃입니다.

발 빠른 타자가 내야 땅볼을 치고 전력 질주할 때, 1루 판정이 아슬아슬하게 세이프로 뒤집히는 장면이 나오면 관중석이 순식간에 들썩입니다. 불과 0.1초 차이인데, 그 0.1초가 경기의 흐름을 바꾸기도 해요. 발이 빠른 타자가 얼마나 무서운 존재인지, 그 장면 하나로 알 수 있습니다.

땅볼은 타자 입장에서 아쉬운 결과처럼 보이지만, 무조건 나쁜 건 아닙니다. 주자가 3루에 있을 때 내야 땅볼 하나로 점수를 뽑아내는 경우도 있거든요. 야구에서는 어떤 타구도 상황에 따라 의미가 달라집니다.

삼진, 뜬공, 땅볼. 이 세 가지 아웃의 차이를 알고 나면 경기를 보는 눈이 달라집니다. 타자가 배터박스에 들어설 때마다 자연스럽게 이런 생각이 들기 시작할 거예요. '이번엔 어떤 아웃이 나올까? 아니면 혹시 안타?'

황성빈이 타석에 들어서면 롯데 팬들은 이미 알아요. 어떤 타구가 나오든 전력 질주는 기본이라는 걸. 이런 설렘이 생기는 순간, 당신은 이미 야구에 빠져든 겁니다.

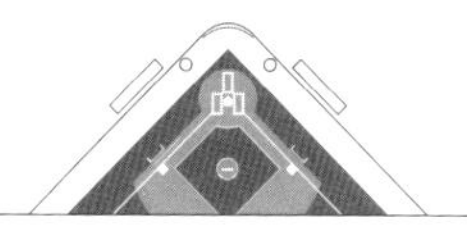

주자가 살고 죽는 법
– 베이스를 둘러싼 긴장의 규칙

야구장에서 가장 긴장감이 높아지는 순간 중 하나는 타자가 공을 치고 난 직후입니다. 공이 어디로 갔는지, 주자가 뛰어야 하는지 말아야 하는지, 세이프인지 아웃인지. 불과 2~3초 사이에 모든 게 결정되는데 처음 보는 분들은 뭐가 어떻게 된 건지 파악이 안 될 때가 많아요. 그라운드에서 선수들이 전력 질주하는데 나만 멍하니 보고 있는 느낌이 드는 거예요.

주자가 살고 죽는 규칙, 즉 세이프와 아웃의 기준을 알면 그 2~3초가 완전히 다르게 보입니다. 공보다 주자의 발이 베이스에 먼저 닿았는지 스스로 판단할 수 있게 됩니다. 전광판에 결과가 뜨기 전, 승부의 결말을 남들보다 먼저 눈치채는 재미가 시작됩니다.

✖ 주자는 베이스를 밟아야 삽니다

야구에서 공격하는 팀의 선수가 그라운드에 나오려면 타자로 타석에 서야 해요. 타자가 안타나 볼넷으로 출루하면 주자가 됩니다. 주자는 1루, 2루, 3루를 거쳐 홈플레이트로 돌아와야 점수가 나요.

핵심은, 주자가 베이스 위에 있어야 안전하다는 거예요. 베이스를 밟고 있는 주자는 아웃이 되지 않아요. 그런데 베이스를 떠나는 순간 위험해집니다. 수비수가 공을 들고 터치하면 아웃이 될 수 있거든요.

그래서 주자는 항상 베이스와 베이스 사이의 눈치 게임을 합니다. 언제 뛰고 언제 머물 것인지, 그 판단이 경기의 흐름을 바꾸기도 해요.

⚔ 포스 아웃 – 무조건 뛰어야 하는 상황

주자가 반드시 다음 베이스로 뛰어야 하는 상황이 있어요. 이걸 포스 아웃 상황이라고 합니다. 예를 들어 1루에 주자가 있는데 타자가 공을 쳤어요. 이 경우 1루 주자는 반드시 2루로 뛰어야 해요. 타자가 1루로 오기 때문에 1루에 두 명이 있을 수 없거든요. 이럴 때 수비수가 2루에 공을 먼저 던지면 1루 주자는 아웃입니다. 주자가 2루에 도착하기 전에 공이 먼저 오면 되는 거예요. 주차를 직접 태그하지 않아도 아웃이에요.

반면 2루나 3루 주자는 꼭 뛰지 않아도 되는 경우가 있어요. 뒤에서 밀어오는 주자가 없으면 그 자리에 머물 수도 있거든요. 이럴 땐 수비수가 주자를 직접 태그해야 아웃이 됩니다.

⚔ 태그 아웃 – 직접 몸에 닿아야 합니다

포스 아웃이 아닌 상황에서는 수비수가 공을 든 글러브나 손으로 주자의 몸을 직접 터치해야만 아웃이에요.

이걸 태그 아웃이라고 합니다.

이 장면이 야구에서 가장 역동적인 순간 중 하나예요. 주자는 태그를 피하려고 몸을 낮추거나 슬라이딩을 하고, 수비수는 공을 받으면서 동시에 태그를 시도합니다. 베이스 앞에서 펼쳐지는 그 찰나의 충돌, 세이프인지 아웃인지 판정이 날 때까지 경기장 전체가 숨을 죽여요.

SSG의 정준재가 2루로 슬라이딩하는 장면, NC의 박민우가 홈으로 헤드퍼스트 슬라이딩을 하는 장면. 그 장면들이 왜 그렇게 짜릿한지, 태그 아웃의 규칙을 알면 이해가 됩니다.

⚔ 홈에서의 충돌 – 가장 극적인 순간

모든 베이스 중에서 가장 드라마틱한 곳은 홈플레이트예요. 주자가 3루에서 홈으로 뛰어오는 순간, 외야에서 공이 날아오는 순간, 포수가 공을 받으면서 태그를 시도하는 순간. 이 모든 게 동시에 일어나면서 '점수가 나느냐, 아웃이 되느냐'가 결정됩니다.

　주자가 3루에서 홈으로 전력 질주할 때, 외야수의 송구와 포수의 태그가 맞붙는 그 순간. 관중석 전체가 일어서는 이유가 여기 있어요. '득점이 되느냐, 아웃이 되느냐', 경기의 흐름이 완전히 바뀌는 장면이거든요.

　야구에서 세이프와 아웃의 차이는 종종 눈으로 구분하기 어려울 만큼 작아요. 주자가 3루에서 홈으로 과감하게 뛰어오는 아슬아슬한 장면, 비디오 판독 요청이 들어가고 모두가 전광판을 바라보는 그 순간의 긴장감. 주자가 살고 죽는 규칙을 알고 나면 그 긴장감이 온몸으로 전달됩니다.

　베이스를 둘러싼 이 싸움이 야구를 야구답게 만드는 핵심이에요. 다이아몬드 위에서 펼쳐지는 주자와 수비수의 쫓고 쫓기는 게임, 그게 야구의 또 다른 얼굴입니다.

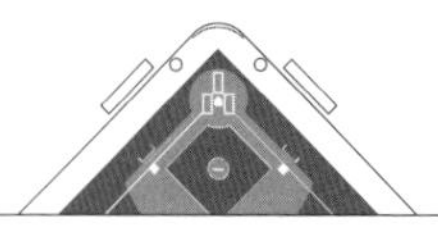

도루는 언제, 왜 하는 걸까

- 발로 만드는 작전의 세계

야구장에서 갑자기 관중석이 술렁이는 순간이 있어요. 투수가 공을 던지는 순간, 1루 주자가 갑자기 2루를 향해 전력 질주합니다. 포수가 공을 받자마자 2루로 송구하고, 주자는 슬라이딩을 하면서 베이스에 손을 뻗어요. 심판이 손을 벌리면 세이프, 손을 올리면 아웃이죠.

도루는 불과 3초 안에 모든 게 결정됩니다. 도루는 야구에서 가장 짜릿한 장면 중 하나이고, 가장 치밀한 작전 중 하나이기도 해요. 특히 2024년부터 MLB처럼 KBO

가 베이스 크기를 15인치에서 18인치로 3인치(7.62cm) 키우면서 도루는 더욱 강력한 무기가 됐습니다.

⚔ 도루가 뭔가요

도루는 투수가 공을 던지는 순간을 틈타 주자가 다음 베이스로 뛰는 거예요. 타자가 공을 치지 않았는데 주자 혼자 움직이는 거예요.

성공하면 주자가 한 베이스를 공짜로 얻지만, 실패하면 아웃이 돼요. 공격 팀 입장에서는 소중한 아웃카운트를 하나 잃는 거예요.

그래서 도루는 무모하게 시도하는 게 아니라 철저히 계산된 작전이에요. 도루를 성공하면 기대득점이 약 0.2점 올라가지만, 실패하면 약 0.8점이 깎이기 때문이죠. 기대득점은 특정한 플레이 단계에서 득점으로 이어질 확률이에요. "도루 성공률이 75%는 돼야 팀에 보탬이 된다. 성공률이 이보다 낮으면 뛰지 않는 것이 이득이다." LG 염경엽 감독의 말입니다.

✕ 도루를 결정하는 세 가지 요소

도루가 성공하려면 세 가지가 맞아야 해요.

첫째는 주자의 발이에요. 도루는 빠른 선수가 유리해요. 삼성의 김성윤처럼 발이 빠른 주자가 1루에 나가면 상대 배터리는 긴장합니다. 저 선수가 언제 2루로 뛸지 모르니까요.

둘째는 투수의 모션이에요. 투수가 공을 던지는 동작이 느리면 주자가 출발할 시간이 길어져요. 주자들은 투수의 버릇을 미리 분석합니다. 저 투수는 세트 포지션에서 오래 멈추는 편인지, 홈으로 던질 때와 1루로 견제할 때 동작이 다른지. 이런 디테일한 정보가 도루 성공률을 높여요.

셋째는 포수의 송구 능력이에요. 김형준(2025시즌 도루저지율 35.6%로 1위)과 김건희(2025시즌 도루저지율 34.1%로 2위) 같은 송구 능력이 좋은 포수가 있는 팀은 상대 팀이 도루를 함부로 시도하기 어려워요.

도루가 단순히 전력 질주가 아니라 투수와의 치열한

수 싸움이라는 걸 가장 잘 보여주는 선수가 NC의 박민우예요. 통산 도루 성공률이 약 78%, 즉 확실한 타이밍을 포착했을 때만 뛰는 선수거든요.

⚔ 도루 사인은 어떻게 나오나요

도루는 주자 혼자 결정하지 않아요. 감독이나 코치가 사인을 내립니다.

3루 코치가 팔을 흔들거나, 특정 동작을 하면 그게 도루 사인이에요. 주자는 그 사인을 확인하고 투수의 모션에 맞춰 출발합니다. 이 모든 게 눈 깜짝할 사이에 이루어지는 거예요.

가끔 주자가 사인 없이 자기 판단으로 뛰는 경우도 있어요. 이걸 그린라이트라고 하는데. 발이 빠르고 경험이 많은 선수에게 주어지는 일종의 자율권이에요. 도루 성공률이 높은 선수에게 감독이 "네 판단을 믿는다"고 신뢰를 주는 거예요.

⚔ 도루가 경기를 바꾸는 순간

도루 하나가 경기의 흐름을 완전히 바꾸는 경우가 있어요. 9회말 선두 타자가 볼넷으로 출루했어요. 다음 타자가 타석에 들어서는 순간 1루 주자가 2루로 도루에 성공합니다. 갑자기 무사 2루 상황이 된 거예요.

이제 안타 하나면 결승 득점이에요. 투수는 압박을 받고, 타자는 유리한 볼카운트를 기다릴 여유가 생겼어요. 도루 하나가 경기의 균형을 흔들어놓은 겁니다. 야구는 이런 보이지 않는 흐름의 싸움이에요.

2025시즌 도루 1위(49개)인 LG의 박해민이 경기 후반에 출루한 뒤 2루로 뛰는 순간, LG 팬들이 일제히 일어서는 이유가 여기 있어요. 도루 성공 하나가 이닝 전체의 흐름을 바꿀 수 있거든요.

도루가 항상 성공하는 건 아니에요. 중요한 순간에 도루를 시도했다가 아웃되면 경기 흐름이 끊겨요. 감독 입장에서는 작전 실패고, 주자 입장에서는 팀에 미안한 순간이 됩니다. 그래서 도루는 아무 때나 하는 게 아니에요. 점수 차, 이닝, 아웃카운트를 모두 따져서 시도해야 해요. 무리하게 도루를 시도하다 아웃이 되면 팀 분위기가 처질 수 있어요. 반대로 1점 차 경기 막판에 성공한 도루는 경기를 끝내는 결정타가 되기도 합니다.

도루 하나에 이렇게 많은 계산이 들어가 있어요. 주자가 리드를 잡는 순간, 투수가 견제구를 던지는 순간, 야구는 공이 날아가지 않을 때도 쉬지 않아요.

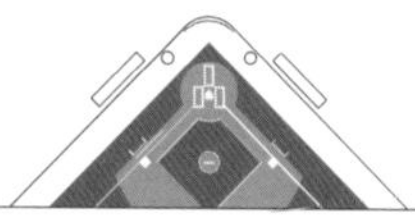

희생번트와 희생플라이
- 나를 버려 팀을 살리는 플레이

야구장에서 이런 장면이 나올 때가 있어요. 타자가 타석에 들어서더니 배트를 짧게 잡고 공을 살짝 건드려 내야 앞쪽에 약하게 굴립니다. 타자는 1루에서 아웃이 됐는데, 관중석에서는 박수가 나와요. 아웃이 됐는데 왜 박수를 치는 걸까요?

팀을 위해 희생했기 때문이죠. 희생번트는. 자기가 아웃되는 걸 감수하고 팀을 위해 주자를 앞으로 보내는 플레이입니다. 야구에서 가장 이타적인 장면 중 하나예요.

⚔ 희생번트 – 나의 아웃으로 팀 살리기

번트는 배트를 크게 휘두르지 않고 공을 살짝 대서 내야 앞쪽에 굴리는 타격이에요. 공이 천천히 굴러가기 때문에 수비수가 잡아서 1루에 던지면 타자는 대부분 아웃이 됩니다.

그런데 이게 왜 좋은 작전일까요? 주자가 1루에 있는 상황에서 희생번트가 성공하면 주자가 2루로 가요. 타자는 아웃되지만 주자는 한 베이스를 전진한 거예요. 2루 주자는 안타 하나면 홈으로 들어올 수 있어요. 즉 팀의 득점 확률이 올라가는 거죠.

특히 0대 0 팽팽한 경기 후반부의 주자 1루 상황, 1점이 소중한 상황에서 희생번트는 아주 효과적인 작전이에요. LG의 박해민, 두산의 박찬호, 두산의 조수행 같이 희생번트 성공률이 좋은 선수들이 이때 진가를 발휘하죠. 강하게 치는 것보다 희생번트가 팀에 더 도움이 되는 상황이 있거든요.

✗ 번트를 잘 대는 것도 기술입니다

희생번트는 쉬워 보이지만 사실 꽤 어려운 기술이에요. 공을 너무 세게 대면 수비수 쪽으로 빠르게 굴러가서 주자까지 아웃될 수 있어요. 너무 약하게 대면 공이 포수 앞에 멈춰서 주자를 잡을 수 있고요.

공의 방향을 3루 쪽이나 1루 쪽으로 조절하는 것도 기술이에요. 수비수가 처리하기 가장 어려운 방향으로 굴리는 게 좋은 번트거든요.

그래서 번트를 잘 대는 선수라면 감독이 믿고 쓸 수 있어요. 작전을 확실히 수행해주는 선수는 팀에서 없어서는 안 될 존재가 됩니다.

✗ 희생플라이 – 뜬공으로 점수 만들기

희생번트와 비슷한 이름이지만 완전히 다른 상황이에요. 희생플라이는 타자가 외야 쪽으로 높이 뜬공을 쳤을 때 일어납니다. 외야수가 공을 잡으면 타자는 아웃이에요. 그런데 3루에 주자가 있다면 이야기가 달라져요.

외야수가 공을 잡는 순간, 3루 주자가 홈으로 뛰기 시작합니다. 외야수가 공을 잡고 홈으로 송구하기 전에 주자가 먼저 홈에 들어오면 득점이에요. 타자는 아웃됐지만 점수는 났습니다.

이게 희생플라이예요. 타자가 아웃을 감수하고 팀에 점수를 선물한 거예요. 삼성의 최형우나 롯데의 전준우 같은 베테랑 타자들이 주자 3루 상황에서 깊숙한 외야 뜬공을 만들어내는 장면, 바로 그게 오랜 경험에서 나오는 기술이에요.

✖ 타점은 기록됩니다

주자 3루 상황에서 희생번트(스퀴즈)나 희생플라이로 주자를 홈에 불러들이면, 타자는 아웃되었음에도 팀 공헌도를 인정받아 타점을 올리게 됩니다. 타점은 내가 직접 안타를 치지 않아도 팀에 점수를 만들었을 때 주어지는 기록이에요. 아웃이 됐지만 팀에 기여했다는 증거가 숫자로 남는 거예요. 야구가 기록의 스포츠라는 게 이런

데서도 잘 드러납니다.

희생플라이로 아웃이 됐는데도 더그아웃에서 동료들이 나와 그 선수를 하이파이브하며 맞이하는 이유가 여기 있어요. 팀을 위한 플레이는 결과가 아웃이어도 충분히 가치 있는 거거든요.

야구에서 개인 성적도 중요하지만, 팀 야구를 하는 팀이 결국 이기는 경우가 많아요. 희생번트를 확실히 대주는 선수, 희생플라이를 잘 만들어내는 선수. 이런 선수들이 많이 있는 팀은 결정적인 1점을 만들어내는 능력이 뛰어납니다.

아웃되고도 박수를 받는 선수. 그게 야구가 다른 스포츠와 다른 점 중 하나예요. 야구는 희생의 가치를 아는 스포츠거든요.

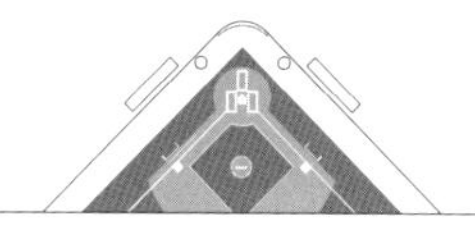

비디오 판독은
왜 하는 걸까
- 심판과 기술이 만나는 순간

야구장에서 갑자기 경기가 멈추는 순간이 있어요. 심판이 아웃을 선언했는데, 감독이 더그아웃에서 뛰쳐나옵니다.

감독이 심판과 잠깐 이야기를 나누더니, 심판이 헤드셋을 끼고 어딘가와 통화를 해요. 전광판에 '비디오 판독' 중이라는 표시가 뜨고, 경기장 전체가 숨죽이며 기다립니다. 잠시 후 심판이 손을 벌리거나 올리면서 처음의 판정이 번복되거나 유지됩니다.

이게 바로 비디오 판독이에요. 처음 보는 분들은 "저게 뭐야?" 싶지만, 알고 나면 야구에서 얼마나 중요한 제도 인지 이해됩니다.

✖ 비디오 판독이 생긴 이유

야구는 오랫동안 심판의 판정이 절대적이었어요. 심판 이 아웃이라고 하면 아웃이고, 세이프라고 하면 세이프 였습니다. 그 판정에 감독이나 선수가 항의할 수는 있지 만 판정이 바뀌는 경우는 거의 없었어요.

그런데 문제가 있었어요. 심판도 사람이기 때문에 실 수를 해요. 특히 1루 판정이나 태그 아웃처럼 0.1초 차이 로 갈리는 상황에서는 육안으로 정확히 판단하기가 어 렵거든요. 결정적인 오심 하나가 경기 결과를 바꾸는 경 우도 있었어요.

KBO 리그에 비디오 판독(구 심판합의판정)이 도입된 것 은 2014년이며, 현재와 같은 '비디오 판독' 명칭과 판독 센터 운영은 2017년부터입니다. 여러 각도에서 촬영된

영상을 다시 보면서 판정이 맞는지 확인하는 제도예요. 기술이 심판의 눈을 보조하는 거죠.

✗ 2026시즌부터 체크스윙도 판독됩니다

2026시즌부터 비디오 판독 대상이 하나 더 늘었습니다. 바로 타자의 체크스윙이에요.

체크스윙은 타자가 배트를 휘두르다가 멈추는 동작이에요. 타자의 헛스윙으로 볼 건지 아닌지를 심판이 판단하는데, 그동안 이 판정이 논란이 많았어요. 육안으로 판단하기 가장 어려운 상황 중 하나거든요.

이제 팀당 경기마다 두 번의 체크스윙 판독 요청권이 주어집니다. 체크스윙 판독은 일반 비디오 판독과는 별도로 운영돼요. 풀카운트 상황에서 체크스윙 판정이 번복되면 삼진이 볼넷으로 바뀌거나 그 반대 상황이 생길 수 있어요. 경기의 결정적인 순간마다 판정의 정확성이 높아지는 거예요.

✖ 비디오 판독은 어떻게 진행되나요

비디오 판독은 감독이 요청할 수 있어요. 판정에 의문이 생기면 감독이 심판에게 비디오 판독을 요청합니다.

각 팀은 경기당 정해진 횟수의 비디오 판독 요청권을 가지고 있어요. 비디오 판독 결과 판정이 번복되면 요청권이 유지되고, 판정이 유지되면 요청권을 하나 잃어요. 그래서 감독들은 비디오 판독 요청을 신중하게 결정합니다. 확실히 오심이라고 판단될 때만 쓰는 거예요.

비디오 판독이 시작되면, 서울에 있는 KBO 비디오판독센터에서 여러 카메라 각도의 영상을 검토해요. 보통 1~3분 안에 결과가 나옵니다. 그 기다리는 시간이 야구장에서 가장 긴장감 넘치는 순간 중 하나예요. 경기장 전체가 전광판만 바라보거든요.

✖ 판정 번복과 판정 유지 사이의 긴장

비디오 판독에서 판정이 번복되는 순간은 야구장 최고의 드라마 중 하나예요. 아웃이라고 했는데 비디오 판독 후 세이프로 바뀌면 공격 팀 관중석이 폭발합니다. 반대로 세이프였는데 비디오 판독 후 아웃으로 바뀌면 수비 팀 관중석이 환호해요. 같은 장면인데 양쪽 응원석의 반응이 완전히 반대가 되는 그 순간, 야구장의 감정이 가장 극적으로 갈려요. 비디오 판독 하나가 경기의 흐름을 뒤집는 거거든요.

비디오 판독을 요청했는데 심판의 원래 판정이 유지되는 경우도 많아요. 이럴 때 요청한 팀 감독은 요청권을 하나 잃고 더그아웃으로 돌아갑니다. 이때 관중석에서 탄식이 나오기도 하죠. 그런데 이게 야구의 정직함이기도 해요. 기술로 확인했더니 심판의 원래 판정이 맞았다는 거니까요.

비디오 판독 결과가 나오기를 기다리는 그 1~2분은 가장 숨죽이는 순간이에요. 비디오 판독을 알고 나면 그 기다림이 완전히 다르게 느껴집니다. 비디오 판독이 도입되면서 야구가 더 공정해졌고, 오심으로 인한 논란이 예전보다 줄었죠.

물론 아직도 비디오 판독으로도 명확히 가리기 어려운 경우가 있어요. 영상으로 봐도 세이프인지 아웃인지 애매한 장면이 있거든요. 이럴 때는 원래 판정을 유지하는 게 원칙이에요. 확실히 번복할 근거가 없으면 심판의 처음 판단을 존중하는 거예요.

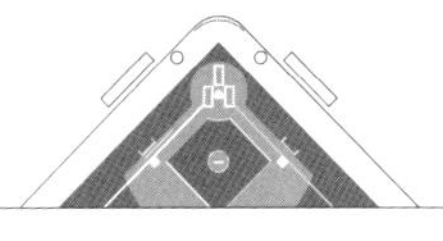

몰아서 보는 특수 규칙들
– 보크, 인필드플라이, 고의사구

야구를 보다 보면 갑자기 심판이 손을 들면서 "보크!"라고 소리치며 선언하는데 이게 뭔지 모르겠는 순간이 있어요. 인필드플라이는 또 뭔지, 고의사구는 왜 하는 건지 알쏭달쏭하죠.

이 세 가지 특수 규칙은 자주 나오지는 않지만 나올 때마다 경기장이 술렁여요. 미리 알아두면 그 순간이 왔을 때 당황하지 않습니다.

✘ 보크 – 투수의 반칙

보크는 투수가 규칙을 어겼을 때 선언되는 반칙이에요. 투수가 마운드에 서면 정해진 동작 규칙을 따라야 해요. 한번 투구 동작을 시작하면 끝까지 던져야 하고, 주자를 속이기 위해 가짜 동작을 하면 안 됩니다. '투구 동작 중단, 셋포지션 불완전 정지, 베이스 아닌 곳으로 견제, 투구 동작 후 멈춤'이 보크 사유입니다. 여기에 하나라도 해당되면 심판이 보크를 선언해요.

보크가 선언되면 주자들은 자동으로 한 베이스씩 앞으로 이동합니다. 1루 주자는 2루로, 2루 주자는 3루로, 3루 주자는 홈으로 들어와서 점수가 나기도 해요. 투수 입장에서는 아무것도 하지 않았는데 주자를 한 베이스씩 더 진루시키는 최악의 상황이에요.

특히 2026시즌부터는 피치클록이 강화되면서 보크 상황이 더 자주 나올 수 있어요. 기존 규정에서 투수의 투구 간격이 각각 2초씩 줄어들었기 때문이에요. 투수가 주자가 없을 때는 18초, 주자가 있을 때는 23초라는 정해진 시간 안에 투구 동작을 시작해야 하는데, 그 과정에서 마음이 급해지며 투구 동작이 불완전해지면서 보크가 선언될 수 있거든요.

✖ 인필드플라이 – 수비팀의 꼼수를 막는 규칙

인필드플라이는 처음 들으면 좀 낯선 규칙이에요. 무사 혹은 1아웃 상황에서 1루와 2루에 모두 주자가 있을 때, 타자가 내야에 높이 뜬공을 치면 심판이 인필드플라이를 선언합니다. 이 순간 타자는 공이 잡히든 안 잡히든 자동으로 아웃이에요.

왜 이런 규칙이 있을까요? 수비팀의 꼼수를 막기 위해서예요. 이 규칙이 없다면 수비팀이 일부러 뜬공을 떨어뜨릴 수 있어요. 주자들은 공이 잡힐 것 같으면 베이스를 크게 벗어나지 않거든요. 그런데 공이 갑자기 떨어지면 주자들이 당황해서 병살이 될 수 있어요. 이런 부당한 플레이를 막기 위해 인필드플라이가 생긴 거예요.

인필드플라이가 선언되면 주자들은 그냥 베이스에 머

물면 돼요. 공이 땅에 떨어져도 주자들은 뛸 필요가 없어요. 처음 보는 분들은 타자가 아웃됐는데 왜 주자들이 움직이지 않는지 의아할 수 있어요. 그건 인필드플라이 때문이에요.

✕ 고의사구 – 일부러 내보내는 볼넷

고의사구는 투수가 타자를 일부러 볼넷으로 내보내는 거예요. 타자가 너무 강해서 정면 승부가 불리할 때, 혹은 다음 타자가 훨씬 상대하기 쉬울 때 감독이 고의사구를 지시합니다. 투수가 네 개의 볼을 의도적으로 던져서 타자를 1루로 걸어 내보내는 거예요.

KBO에서는 감독이 심판에게 고의사구 의사를 밝히면 공을 던지지 않고 바로 타자를 1루로 내보낼 수 있어요. 그래서 고의사구가 선언되면 타자가 그냥 1루로 걸어가는 장면이 나와요.

한화 노시환이나 두산 양의지처럼 클러치 상황에서 강한 타자들이 고의사구를 자주 받는 이유가 여기 있어요. 저 타자와 정면 승부를 하는 것보다 그냥 1루로 내보내고 다음 타자를 상대하는 게 유리하다고 판단하는 거예요. 고의사구를 받는 타자는 그만큼 상대방이 두려워하는 선수라는 뜻이에요.

고의사구가 선언되는 순간 그 타자를 응원하는 팬들은 야유를 보내기도 해요. "왜 우리 선수를 피하냐"는 거예요. 반대로 그걸 지시한 감독 입장에서는 최선의 선택을 한 거고요. 고의사구 하나에도 이렇게 많은 감정이 얽혀 있어요.

보크, 인필드플라이, 고의사구. 이 세 가지는 경기중에 자주 나오지 않아요. 그런데 어쩌다 나올 때마다 경기의 흐름이 달라집니다.

특수 규칙들은 야구가 얼마나 세밀하게 설계된 스포츠인지 보여주는 증거예요. 모든 상황을 규칙으로 정해두고, 공정한 경기가 되도록 만들어놓은 거거든요. 처음엔 복잡해 보이지만 하나씩 알아가는 재미가 있어요.

3장

9명의 역할을 알면 경기가 보인다

그라운드의 9명은 각자의 자리마다 각자의 이유가 있어요. 내야는 홈플레이트를 중심으로 1루, 2루, 3루를 잇는 다이아몬드 모양의 안쪽 공간이에요. 외야는 내야 뒤쪽으로 펼쳐진 넓은 잔디 구역이에요. 담장까지가 외야예요.

투수는 마운드에 서요. 포수는 홈플레이트 바로 뒤에 앉아요.

1루수는 1루 베이스 근처에 서요. 내야 땅볼이 나왔을 때 공을 받아서 타자를 아웃시키는 역할이에요. 3루수는 3루 베이스 근처에 서요. 타자와 가장 가까운 내야수라서 강한 타구를 자주 처리해요. 유격수는 2루와 3루 사이에 서요. 내야에서 가장 넓은 구역을 커버하고, 가장 많은 타구를 처리해요. 2루수는 1루와 2루 사이에 서서 유격수와 함께 내야 중앙을 지켜요.

좌익수는 외야 왼쪽을 담당해요. 처음엔 헷갈리기 쉬운 부분인데, 타자 기준이 아니라 투수가 바라보는 방향 기준이라는 걸 명심하세요. 중견수는 가장 넓은 외야 한가운데를 담당하기에 발이 빠른 선수가 맡는 경우가 많아요. 우익수는 외야 오른쪽을 담당해요.

포지션에는 번호가 있어요. 점수판이나 중계에서 자주 나오는 숫자들이에요. 투수는 1번, 포수는 2번, 1루수는 3번, 2루수는 4번, 3루수는 5번, 유격수는 6번, 좌익수는 7번, 중견수는 8번, 우익수는 9번이에요. 타순과는 다른 거니까 헷갈리지 마세요.

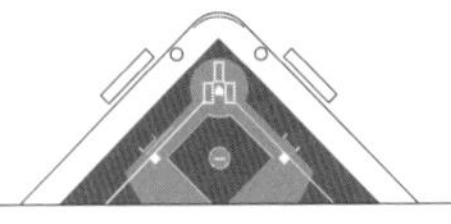

투수는
팀의 얼굴이다
- 선발·중간·마무리의 역할 분담

야구장에서 가장 많이 이름이 불리는 선수가 누구일까요? 타자가 홈런을 치면 그 타자 이름이 불려요. 그런데 경기 내내 가장 많이 언급되는 건 투수예요. 몇 회에 올라왔는지, 볼카운트가 어떻게 됐는지, 오늘 몇 개를 던졌는지. 경기 흐름의 중심에 항상 투수가 있어요.

투수는 한 명이 아니에요. 한 경기에 보통 세 명에서 다섯 명의 투수가 나와요. 선발, 중간계투, 마무리. 각자의 역할이 완전히 달라요.

✕ 선발투수 – 경기를 여는 사람

선발투수는 경기 시작부터 마운드에 올라요. 목표는
최대한 많은 이닝을 소화하는 거예요. 많은 이닝을 소화
하는 선발투수를 '이닝을 먹어치운다'는 의미에서 이닝
이터(Inning Eater)라고 해요. 보통 5이닝에서 7이닝을 던
지는 게 선발의 역할이에요. 100개 안팎의 공을 던지면
서 상대 타선을 막아내야 해요.

선발투수는 보통 5일에 한 번 등판해요. 10개 구단이
경기를 치르는 KBO 시즌에서 선발 로테이션은 팀의 가
장 중요한 뼈대예요. 삼성의 원태인이나 LG의 임찬규처
럼 믿을 수 있는 선발이 있으면 팀 전체가 안정되는 이유
가 여기 있어요.

선발투수가 5회도 되기 전에 일찍 무너지면 경기가 힘
들어져요. 감독이 선발투수의 투구 수와 피로도를 항상
신경 쓰는 이유가 여기 있어요. 2025시즌 선발투수 평균
이닝 소화 통계는 5.25이닝 수준에 그쳐 불펜이 평균 4이
닝 정도를 책임지고 있는 상황이에요. 원태인은 2025시

즌 국내 투수 중에서 가장 많은 이닝($166\frac{2}{3}$이닝)을 던진 최고의 이닝이터입니다.

⚔️ 중간계투 – 경기의 허리를 잡는 사람들

선발이 내려오면 중간계투가 올라와요. 중간계투는 보통 1이닝에서 2이닝을 담당해요. 선발과 마무리 사이를 이어주는 역할이에요. 팀마다 여러 명의 중간계투를 운영하고, 경기 상황에 따라 다른 투수가 나와요.

중간계투는 인지도가 낮은 경우가 많지만 팀 성적에 미치는 영향은 커요. 선발투수가 잘 던졌는데도 중간계투가 무너지면 경기가 허망하게 뒤집히거든요. 반대로 선발투수가 조금 흔들려도 중간계투진이 막아주면 경기를 원활하게 이어갈 수 있어요.

LG의 김진성, 삼성의 김태훈, SSG의 노경은처럼 7회와 8회를 책임지는 중간계투진이 탄탄한 팀은 선발이 일찍 내려가도 흔들리지 않아요. 마무리투수에게 공을 넘기기까지의 과정 자체가 하나의 전략이거든요.

⚾ 마무리투수 – 경기를 닫는 사람

마무리투수는 경기 막판에 나오는 투수예요. 보통 9회에 올라와서 1이닝을 던져요. 팀이 이기고 있는 상황에서 그 리드를 지켜내는 역할이에요. 이런 상황을 세이브 상황이라고 하는데, 가장 흔한 세이브 조건은 팀이 3점 이하로 앞서고 있을 때 투수가 등판해 1이닝 이상을 던져 끝내는 경우입니다.

마무리투수에게는 특별한 심리적 압박이 있어요. 모든 팬이 지켜보는 마지막 이닝, 자칫 잘못하면 경기가 뒤집히는 상황에서 마운드에 올라야 하거든요. 그래서 마무리투수는 강한 멘탈과 결정구가 있어야 해요.

정해영, 박영현, 김원중 등 각 팀의 마무리투수 이름을 알아두면 9회가 완전히 다르게 보여요. 마무리투수가 나오는 순간 경기장의 긴장감이 달라지거든요. 우리 팀 마무리투수가 나오면 환호가, 상대 팀 마무리투수가 나오면 탄식이 나오는 그 순간이 야구에서 가장 극적인 장면 중 하나예요.

✕ 셋업맨 ― 마무리투수 등판 전의 연결고리

마무리투수가 등장하기 바로 전에 나오는 중간계투를 셋업맨이라고 불러요. 셋업맨은 보통 8회를 담당해요. 마무리가 깨끗하게 9회를 막으려면 8회를 잘 닫아줘야 하거든요. 셋업맨은 마무리투수 다음으로 중요한 중간계투 자원이에요.

좋은 팀은 7회, 8회, 9회를 믿을 수 있는 투수들로 채워요. 이걸 '불펜이 강하다'고 표현해요. 불펜이 강한 팀은 7회 이후 리드를 잘 지켜내요. 직관을 하다 보면 후반부 이닝에서 불펜 싸움이 경기를 결정하는 경우가 얼마나 많은지 느끼게 돼요.

감독이 마운드로 걸어가는 장면이 있어요. 감독이 마운드에 올라가서 투수에게 공을 받으면 교체예요. 새로운 투수가 불펜에서 걸어나와 마운드로 올라와요. 이때 관중석이 새 투수를 환호하거나, 교체된 투수에게 아쉬움의 박수를 보내는 장면이 나와요. 삼성 원태인이 7이닝을 던지고 내려올 때 삼성 팬들이 보내는 박수 소리.
KIA 정해영이 9회 마운드에 올라올 때 KIA 팬들이 터뜨
리는 함성 소리. 투수가 바뀌는 순간마다 경기장의 감정
이 바뀌어요.

투수의 역할을 알고 나면 경기가 완전히 달라 보여요.
이닝이 바뀔 때마다 누가 마운드에 올라오는지 주목해
보세요. 그게 경기의 승부처를 읽는 눈이에요.

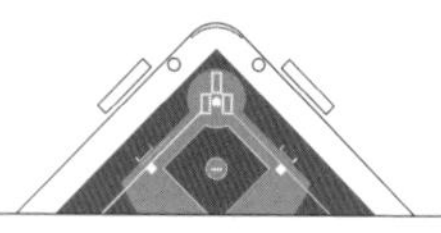

포수는
팀의 두뇌다
- 사인을 주고 경기를 설계하는 사람

야구장에서 가장 바쁜 선수가 누구냐고 물으면 투수라고 생각하기 쉬워요. 그런데 사실 가장 바쁜 선수는 포수예요.

투수가 공을 던질 때마다 포수는 사인을 내요. 직구를 던질지, 슬라이더를 던질지, 어느 코스로 던질지 등 투수의 공 하나하나를 포수가 설계하는 거예요. 포수는 9이닝 내내 100개가 넘는 공을 쪼그려 앉아서 받으면서, 동시에 주자를 견제하고, 내야 수비를 조율하고, 상대 타자

를 분석해요. 그래서 포수를 '그라운드 위의 감독'이라고
표현하기도 해요.

⚾ 사인을 주는 사람

포수가 투수에게 사인을 주는 장면은 야구장에서 자
주 보이는 장면이에요. 포수가 미트를 낀 손을 허벅지 안
쪽에 숨기고 손가락으로 뭔가 표시해요. 그러면 투수가
고개를 끄덕이거나 고개를 젓는 장면이 나와요. 투수가
고개를 젓는 건 포수의 그 사인이 싫다는 거예요. 그러면
포수가 다시 다른 사인을 내요.

이 짧은 교환이 매 투구마다 일어나요. 포수는 상대 타
자의 성향, 볼카운트, 주자 상황, 투수의 컨디션을 모두
고려해서 투수에게 사인을 내요. 즉 포수가 경기 전체를
설계하는 거예요.

삼성의 강민호가 20년 넘게 현역으로 뛰면서 포수 자
리를 지키는 이유가 여기 있어요. 공을 받는 기술뿐만 아
니라 경기를 읽는 눈이 포수에게는 필수거든요.

⚾ 프레이밍 – 스트라이크를 만드는 기술

포수에게는 프레이밍이라는 특유의 기술이 있어요. 공이 스트라이크 존 경계선 근처로 왔을 때 포수가 미트를 자연스럽게 존 안쪽으로 끌어당겨서 심판이 스트라이크로 판정하게 유도하는 거예요.

단, 프레이밍은 티 나지 않게 해야 해요. 너무 과하게 미트를 당기면 심판이 오히려 볼을 선언하거든요.

좋은 프레이밍은 경기당 1~2개의 스트라이크를 더 만들어내요. 한 경기에 1~2개 차이가 크지 않아 보이지만, 치열한 볼카운트 싸움에서 그 1개가 이닝 흐름을 바꿀 수 있어요. 포수의 미세한 손목 움직임이 경기에 영향을 미치는 거예요.

⚾ 도루 저지 – 포수의 어깨가 관건

주자가 도루를 시도하면 포수가 2루로 송구해요. 포수는 공을 받자마자 일어나서 2루로 정확하고 빠르게 던져야 해요. 이 동작이 1~2초 안에 이루어져요. 포수의 어깨가 강할수록 도루 저지 확률이 높아요.

포수가 도루를 저지하는 장면은 야구에서 가장 역동적인 수비 장면 중 하나예요. 포수가 쪼그려 앉은 자세에서 순식간에 일어나 강한 송구를 뿌리는 그 장면, 한 번 보면 포수가 단순히 공만 받는 선수가 아니라는 걸 바로 느껴요.

⚾ 블로킹 – 몸으로 막는 사람

투수가 던진 공이 너무 크게 빗나가면서 원바운드로 땅에 맞는 경우가 있어요. 이럴 때 포수는 몸을 던져서 그 공을 막아야 해요. 막지 못하면 공이 뒤로 굴러가고 주자들이 한 베이스나 두 베이스씩 이동할 수 있거든요. 포수가 무릎을 꿇고 몸으로 공을 막는 장면, 보호 장비를 온몸에 두른 이유가 바로 이거예요.

포수 장비가 왜 그렇게 무겁고 두꺼운지 이제 이해가 돼요. 헬멧, 마스크, 가슴 보호대, 무릎 보호대. 이 모든 게 공을 몸으로 막기 위한 거예요.

⚾ 투수를 다독이는 사람

경기가 잘 풀리지 않을 때 감독이 마운드로 걸어가는 장면이 있어요. 그런데 가끔은 감독이 아니라 포수가 마운드로 올라가요. 투수에게 다가가서 짧게 이야기를 나누고 돌아오는 장면이에요. 이 짧은 대화가 투수의 흐름을 바꾸는 경우가 있어요.

포수는 투수와 가장 많은 시간을 함께하는 선수예요. 포수는 경기 전 불펜에서 투수와 연습 투구를 함께하고, 경기 중에는 매 투구마다 투수와 소통해요. 그리고 투수가 흔들릴 때 포수가 달려가서 다잡아주는 장면, 바로 그게 포수의 진짜 역할이에요.

포수가 마운드에 오르는 건 투수에게 잠시 숨을 고를 시간을 주는 거예요. 복잡해진 투수의 머릿속을 비워주고 다음 공에만 집중하게 도와주는 거죠. 투수가 마운드에서 외로운 싸움을 하고 있을 때, 가장 가까운 곳에서 "괜찮아, 내 미트만 보고 던져"라고 말해주는 유일한 편이에요.

야구는 투수 혼자 던지는 게 아니에요. 포수와 함께 설계하는 거예요. 직관을 갈 때 투수 말고 포수도 한 번 주목해보세요. 경기 내내 포수가 얼마나 바쁜지 보이기 시작할 거예요.

삼성 포수 강민호가 투수 원태인과 호흡을 맞추는 장면, 두산 포수 양의지가 투수 곽빈에게 걸어가는 장면. 포수의 역할을 알고 나면 마운드 위의 짧은 대화들이 달리보이기 시작해요.

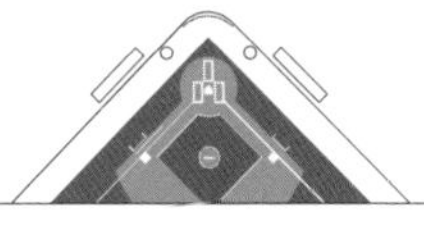

1루수·3루수
– 내야의 양 끝을 지키는 두 스타일

　내야수 중 1루수와 3루수가 참 대조적이에요. 1루수는 대부분의 시간을 베이스 근처에서 기다려요. 내야 어디선가 공이 잡히면 송구를 받아서 아웃을 완성하죠. 반면 3루수는 타자와 가장 가까운 자리에서 강한 타구를 정면으로 받아내야 해요. 반응할 시간이 거의 없어요.

　같은 내야인데 전혀 다른 역할이죠. 두 포지션을 알면 내야 수비가 훨씬 재미있어 보여요.

⚾ 1루수 – 내야 플레이의 마지막 퍼즐

내야에서 땅볼이 나오면 대부분의 플레이가 1루 송구로 마무리돼요. 유격수가 공을 잡아 1루로 던지고, 2루수가 잡아 1루로 던지고, 3루수가 잡아 1루로 던져요. 1루수는 그 공을 받아서 아웃을 완성해요. 즉 1루수는 내야 수비의 마지막 퍼즐이에요.

그래서 1루수에게 가장 중요한 능력은 포구예요. 어떤 공이 와도 잡아내야 해요. 바운드가 불규칙하게 튀는 공, 발 앞으로 짧게 오는 공, 머리 위로 높이 오는 공. 다양한 송구를 안정적으로 받아내는 능력이 1루수의 핵심 능력이에요.

또 하나 중요한 건 발 스트레치예요. 1루수는 베이스를 발로 밟으면서 최대한 몸을 뻗어서 공을 받아요. 타자가 1루로 전력 질주하는 상황에서 0.1초라도 빨리 공을 잡아야 아웃이 되거든요. 1루수가 몸을 길게 뻗는 장면, 이제 왜 그러는지 알겠죠?

1루수의 타격은 매우 중요해요. 수비형 1루수도 있긴

하지만 다른 야수에 비해 수비보다는 타격 능력을 많이 보는 게 1루수예요. 노시환이나 채은성처럼 장타력이 좋은 선수들이 1루를 지키는 이유가 여기 있어요.

⚾ 1루수의 숨은 역할 — 견제 플레이

1루수에게는 또 하나의 중요한 역할이 있어요. 1루에 주자가 있을 때 투수가 견제구를 던지면 1루수가 베이스 근처에 붙어 공을 받아야 해요. 이때 1루수와 주자 사이의 신경전이 펼쳐져요. 주자는 최대한 2루 쪽으로 리드를 크게 잡으려 하고, 1루수는 견제를 유도하려고 해요.

1루수가 베이스 근처에 서 있다가 갑자기 투수에게 손을 내밀어 공을 받고 주자에게 태그하는 장면, 이제 그게 견제 플레이라는 걸 알 수 있어요.

⚾ 3루수 — 반응 속도의 싸움

3루수는 내야에서 가장 용감해야 하는 포지션이에요. 타자가 친 강한 땅볼이 3루 쪽으로 오는 속도는 어마어

마해요. 반응할 시간이 채 1초가 안 돼요. 몸을 날려서 잡거나, 정면으로 막거나, 옆으로 뛰어들거나. 강한 타구가 올 때마다 순간적인 판단과 반응이 필요해요.

그래서 3루수를 '코너 수비의 꽃'이라고 부르기도 해요. 화려한 수비 장면이 많이 나오는 포지션이거든요. 몸을 날려 강한 타구를 잡아내서 1루로 정확하게 송구하는 그 장면, 3루수를 알고 나면 더 짜릿하게 느껴져요.

SSG의 최정이 3루수 자리에서 20년 가까이 강한 타구를 막아낸 이유가 여기 있어요. 순간 반응 속도와 강한 어깨가 동시에 필요한 자리거든요.

⚾ 3루수의 또 다른 역할 — 번트 처리

3루수는 번트 처리에서도 중요한 역할을 해요. 상대 타자가 번트를 대면 3루수가 앞으로 돌진해서 공을 잡아야 해요. 그리고 빠르게 1루로 송구하거나 상황에 따라 다른 베이스로 던져요. 앞으로 뛰어나오면서 공을 잡고 던지는 동작이 자연스럽게 이어져야 해요.

번트 상황이 되면 3루수가 타자 쪽으로 한 발짝 앞으로 이동하는 게 보여요. 번트가 올 것을 미리 대비하는 거예요.

1루수와 3루수는 내야의 양쪽 끝을 지켜요. 1루수는 안정적인 포구와 넓은 스트레치로 내야 플레이를 마무리하고, 3루수는 빠른 반응과 강한 어깨로 강한 타구를 처리해요. 전혀 다른 스타일이지만 둘 다 없어서는 안 돼요.

한화 1루수 채은성이 1루 베이스를 발로 밟으며 몸을 길게 뻗는 장면, NC 3루수 김휘집이 3루 쪽 강한 타구를 정면으로 막아내는 장면. 포지션을 알고 보면 같은 수비 플레이도 얼마나 다른 기술인지 느껴져요. 내야가 입체적으로 보이기 시작하는 거예요.

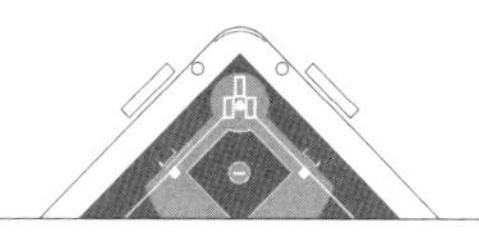

유격수와 2루수
- 내야 수비의 심장부 콤비

야구 경기를 보다가 내야 수비에서 가장 눈이 가는 장면이 있어요. 유격수가 땅볼을 잡아 빠르게 2루로 던지고, 2루수가 슬라이딩하는 주자를 피하면서 몸을 돌려 1루로 정확하게 송구해요. 두 선수가 마치 연습한 것처럼 자연스럽게 연결되는 그 장면, 이게 병살 플레이예요.

유격수와 2루수는 내야 한가운데를 함께 지키는 콤비예요. 두 선수의 호흡이 맞을수록 내야 수비 전체가 단단해져요.

✖ 유격수 − 내야 수비의 핵심

유격수는 내야에서 가장 넓은 구역을 담당해요. 2루와 3루 사이의 공간, 2루 베이스 근처까지. 내야에서 가장 많은 타구가 향하는 구역이에요. 그래서 유격수는 내야 9개 포지션 중 수비 능력이 가장 중요한 자리로 꼽혀요.

빠른 발, 넓은 수비 범위, 강하고 정확한 어깨. 이 세 가지가 유격수의 핵심 조건이에요. 깊은 곳에서 공을 잡아 1루까지 던지는 거리가 내야에서 가장 길거든요. 그 거리를 빠르고 정확하게 던질 수 있어야 해요.

LG의 오지환은 KBO에서 최고의 유격수로 손꼽힙니다. 수비 범위와 어깨, 그리고 경기를 읽는 눈. 유격수에게 필요한 모든 조건을 갖춘 선수거든요. 오지환이 깊은 곳의 공을 잡아 1루로 강하게 던지는 장면, 한 번 보면 왜 유격수가 팀 수비의 핵심인지 느껴져요.

NC의 김주원처럼 넓은 수비 범위와 강한 어깨를 동시에 갖춘 유격수가 있는 팀은 내야 수비의 밀도가 달라요. 타구가 유격수 쪽으로 갈 때마다 기대감이 생기거든요.

⚾ 유격수의 숨은 역할

유격수는 수비 포지션 중 가장 많은 커뮤니케이션을 해요. '내야의 지휘관'이라고 봐도 되죠.

유격수는 내야 수비 시프트를 조율하고, 외야수에게 손짓으로 수비 위치를 알려주기도 하고, 투수에게 수비 상황을 전달해요. 그리고 2루 베이스 커버 상황에서 2루수와 역할을 분담하는 것도 유격수가 중심이 돼요. 내야로 뜬공이 올라왔을 때 "내가 잡는다"는 신호도 주로 유격수가 보내요. 그 장면들이 모두 유격수가 수비를 지휘하는 모습이에요.

⚾ 2루수 – 연결의 달인

2루수는 1루와 2루 사이를 담당해요. 유격수보다 수비 범위는 좁지만 그 대신 연결 플레이에서 빛나요. 병살 플레이에서 2루수는 유격수나 3루수에게서 공을 받아 1루로 이어주는 핵심 역할을 해요. 이 연결 동작이 빠르고 정확할수록 병살 성공률이 높아져요.

신민재가 2루수로 LG에서 활약하는 모습을 보면, 발 빠른 플레이와 정확한 송구가 얼마나 중요한지 느껴져요. 슬라이딩으로 들어오는 주자를 피하면서 몸을 돌려 1루로 던지는 신민재의 그 동작은 많은 연습 없이는 나오지 않아요.

✄ 2루수의 어려움 ― 피벗 플레이

2루수에게 가장 어려운 기술은 피벗 플레이예요. 병살 상황에서 2루 베이스를 밟고 1루로 송구하는 동작을 피벗 플레이라고 해요. 이때 2루 쪽으로 뛰어오는 주자가 2루수에게 슬라이딩으로 근접해오죠. 2루수는 이 주자를 요령 껏 잘 피하면서 동시에 1루수에게 정확하게 송구해야 하는 거예요.

순간적으로 몸을 공중에 띄우거나 옆으로 빠지면서 던지는 동작, 정말 쉽지 않은 플레이예요. 잘 되면 깔끔한 병살이 완성되고, 조금 흐트러지면 송구가 빗나가거나 주자에게 맞기도 해요. 2루수가 병살 상황에서 다리

118

를 높이 들어 주자를 피하는 장면이 보이면 피벗 플레이를 시도하는 거예요.

유격수와 2루수의 호흡이 맞는 팀은 내야 수비가 단단해요. 두 선수는 경기 전부터 끊임없이 소통해요. 어떤 상황에서 누가 2루 베이스를 커버할지, 번트 상황에서 누가 앞으로 나올지, 외야 뜬공에서 중계 플레이를 어떻게 할지. 이 모든 약속이 경기 중에 실행되는 거예요.

유격수와 2루수를 알고 나면 내야 한가운데가 보이기 시작해요. 타구가 내야 중앙으로 향할 때마다 두 선수가 어떻게 움직이는지 눈이 가기 시작할 거예요. 그게 야구 수비의 가장 정교한 부분이에요.

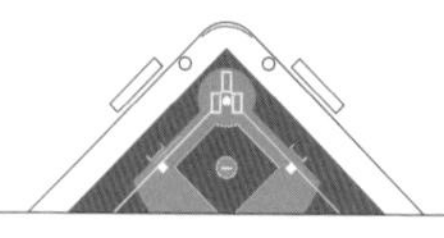

외야수 3인방
– 넓은 들판을 커버하는 발과 눈

외야는 넓어요. 내야 뒤쪽으로 펼쳐진 잔디 구역부터 담장까지가 전부 외야예요. 야구장마다 조금씩 다르지만 중견수 기준으로 홈플레이트에서 120미터 안팎이에요. 그 넓은 공간을 세 명이 나눠서 지켜요.

좌익수, 중견수, 우익수. 외야수 3인방의 역할과 요구되는 능력은 조금씩 달라요. 외야수의 역할에 대해 알고 나면 뜬공이 외야쪽으로 올라갈 때마다 보는 눈이 달라지기 시작해요.

⚔ 중견수 – 외야의 핵심이자 지휘자

중견수는 외야 한가운데를 담당해요. 세 명 중 가장 넓은 구역을 커버해야 해요. 좌익수 쪽 깊은 공도, 우익수 쪽 얕은 공도 중견수가 커버할 수 있어야 해요. 그래서 외야 세 명 중 가장 발이 빠른 선수가 중견수를 맡는 경우가 많아요.

중견수는 '외야 수비의 지휘자'이기도 해요. 뜬공이 올라오면 중견수가 "내가 잡는다"는 신호를 보내고, 좌익수와 우익수가 공쪽으로 더 다가가지 않으며 양보해요. 즉 외야 3인방 중에서도 중견수의 판단이 외야 수비의 기준이 되는 거예요.

중견수에게 가장 중요한 능력은 타구 판단 능력이에요. 타자가 배트에 공을 맞추는 순간, 외야수는 공이 어디로 떨어질지 즉시 판단해야 해요. 타구음, 배트 각도, 타자의 스윙 궤적을 순간적으로 읽어서 방향을 결정하는 거예요.

정수빈, 박해민, 최지훈 같은 정상급 중견수는 타구가

올라가는 순간 이미 움직이기 시작해요. 두산의 정수빈이 타구 소리를 듣자마자 등을 보이며 담장 쪽으로 전력 질주해 안타성 타구를 멋지게 잡아내는 장면은 두산 팬들이 가장 짜릿해하는 순간 중 하나입니다.

✖ 좌익수 — 타구가 가장 많이 오는 자리

좌익수는 외야 왼쪽을 담당해요. 오른손 타자가 많은 야구에서 당겨 친 타구는 좌익수 방향으로 향하는 경우가 많아요. 그래서 세 명의 외야수 중에서도 타구 처리 횟수가 가장 많은 편이에요. 타구가 많이 오는 만큼 수비 능력이 중요하지만, 동시에 타격이 좋은 선수가 맡는 경우도 많아요.

KT의 김현수나 LG의 이재원처럼 타격이 강한 선수들이 좌익수를 맡는 팀이 많아요. 발이 조금 느려도 뛰어난 타격으로 충분히 자신의 가치를 발휘할 수 있는 자리거든요.

⚾ 우익수 – 어깨가 강해야 하는 자리

우익수는 외야 오른쪽을 담당해요. 외야수 세 명 중 가장 강한 어깨가 필요한 자리예요. 우익수에서 3루로 직접 송구해야 하는 경우가 있는데, 그 거리가 내야수의 송구 거리보다 훨씬 길거든요. 강한 어깨가 없으면 주자를 잡기 어려워요.

우익수가 1루 주자를 3루에서 잡는 장면, 혹은 타자가 안타를 치고 1루를 돌아 2루로 향하는 순간 빠르게 송구해서 아웃시키는 장면. 우익수의 강한 어깨가 빛나는 순간이에요. KT의 최원준이나 키움의 이주형처럼 강한 송구로 3루로 뛰는 주자를 저지하는 장면은 우익수의 어깨가 팀을 위기에서 구하는 순간입니다.

좌익수, 중견수, 우익수가 함께 움직이는 장면을 보면 야구 수비의 정교함이 느껴져요. 깊은 타구가 올라가면 중견수가 신호를 보내고, 옆의 외야수가 자리를 양보해요. 내야 뜬공과 외야 뜬공의 경계에서는 내야수와 외야수가 소리로 서로 양보를 확인해요. 이 모든 게 경기 중 순간적으로 이루어지는 거예요.

　외야수를 알고 나면 뜬공이 외야로 올라가는 매 순간이 달라 보여요. 공이 어디로 떨어질지, 누가 잡을지, 잡을 수 있을지. 그 짧은 1~2초가 야구에서 가장 긴장되는 시간 중 하나거든요.

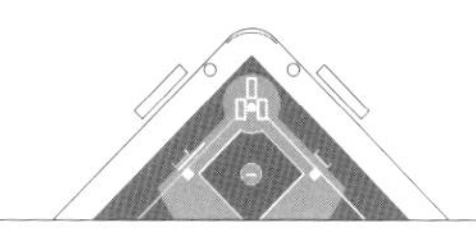

지명타자(DH)는
왜 존재하는가
– 타격만 하는 선수의 존재 논리

야구를 처음 보는 분들이 꼭 한 번씩 하는 질문이 있어요. "저 선수는 수비는 안 해요?"

타순이 돌아와서 타석에 들어서는데, 수비 이닝이 되면 그라운드에 나가지 않아요. 다음 이닝에 또 타석에 들어서는데 여전히 수비는 없어요. 이 선수가 지명타자예요.

지명타자는 타격만 해요. 수비는 하지 않아요. 처음엔 이게 이상하게 느껴지는데, 알고 나면 지명타자가 왜 존재하는지 납득이 돼요.

⚾ 투수는 타격을 능숙하게 못해요

지명타자가 생긴 이유는 투수 때문이에요. 투수는 공을 던지는 데 모든 에너지를 쏟아요. 타격 훈련을 할 시간도, 에너지도 없어요. 그러다 보니 대부분의 투수가 타격이 약한 편이에요. 9명 중 한 명이 사실상 공격에서 아무 역할을 못 하는 셈이에요.

이걸 해결하기 위해 만들어진 게 지명타자 제도예요. 투수 대신 타격 전문 선수를 타순에 넣는 거예요. 투수는 수비와 투구에만 집중하고, 지명타자는 타격만 해요. 나름 합리적인 역할 분담이에요.

KBO는 지명타자 제도를 사용하는 리그예요. 그래서 경기 내내 투수가 타석에 들어서는 장면이 없어요. 메이저리그도 2022시즌부터 전면 지명타자 제도를 도입했어요. 덕분에 투수는 부상 위험을 줄이며 투구에만 전념할 수 있고, 팬들은 화끈한 공격 야구를 즐길 수 있는 효율적인 시스템이 완성된 거죠.

⚾ 지명타자의 역할

지명타자는 팀에서 타격이 가장 좋은 선수 중 한 명이 맡아요. 수비 부담이 없기 때문에 타격에만 집중할 수 있어요. 다리가 좀 느려도, 수비가 약해도, 타격만 좋으면 지명타자로 뛸 수 있거든요.

그래서 베테랑 선수들이 지명타자로 경력을 이어가는 경우가 많아요. 1983년생인 삼성의 최형우가 지명타자로 뛰는 게 대표적인 사례예요. 수비 부담 없이 타격에만 집중하면서 팀 타선에서 여전히 중심 역할을 하는 거예요. 오랜 경력의 강타자가 지명타자 자리에서 팀에 기여하는 방식이에요.

⚾ 지명타자가 빠지는 경우

지명타자가 항상 있는 건 아니에요. 감독이 전략적으로 지명타자 없이 경기를 운영하는 경우가 있어요. 이걸 '지명타자를 해제한다'고 해요. 예를 들어 투수가 타석에 서야 하는 상황이 생기면 그 이후로는 지명타자 없이 경기가 진행돼요. 한 번 해제된 지명타자 제도는 그 경기에서 다시 사용할 수 없어요.

복잡하게 느껴질 수 있지만, 직관하다 보면 이런 상황이 나오는 경우는 흔하지 않아요. 대부분의 경기에서 지명타자는 끝까지 타순을 유지해요.

✕ 수비 없이 타격만 한다는 것

지명타자의 하루는 독특해요. 경기 시작부터 끝까지 더그아웃에 있다가 자기 타순이 오면 타석에 들어서요. 타격을 하고 나면 다시 더그아웃으로 돌아와요. 수비 이닝에는 그라운드에 나가지 않아요.

집중력 유지가 어려울 것 같지만 오히려 타격에만 집중할 수 있다는 장점이 있어요. 수비 이닝에 뛰어다니느라 체력을 쓰지 않아도 되고, 머릿속이 타격 생각으로만 가득 찰 수 있거든요.

최형우가 타석에 들어서기 전 더그아웃 앞에서 방망이를 쥐고 집중하는 장면, 그 장면이 지명타자의 준비예요. 몸은 쉬고 있지만 머리는 계속 타격을 준비하고 있는 거거든요.

지명타자가 타석에 들어설 때마다 기대감이 달라요. 수비 걱정 없이 오롯이 타격에만 집중한 선수가 어떤 결과를 만들어내는지, 지명타자의 역할을 알고 나면 더 흥미롭게 볼 수 있어요.

야구는 9명이 함께 하는 스포츠지만 모두가 똑같은 역할을 하지는 않아요. 투구만 하는 선수, 타격만 하는 선수, 수비만 하기 위해 들어오는 선수 등 각자의 역할이 있고, 그 역할들이 모여서 한 경기가 완성돼요.

타순의 원칙
– 1번부터 9번까지 각 타순의 역할

야구장에서 경기 시작 전 전광판에 오늘의 선발 라인업이 뜹니다. 1번부터 9번까지 선수 이름이 순서대로 올라오는 거예요. 처음엔 그냥 이름 목록처럼 보이지만 사실 그 순서 하나하나에 감독의 오늘 경기 구상이 담겨 있어요. 누가 몇 번을 달고 나오느냐가 그날 팀의 전략을 보여주는 첫 번째 신호거든요.

1번부터 9번까지의 타순은 단순한 번호가 아닙니다. 각 자리마다 요구되는 역할이 다르고, 감독은 그 역할에 맞는 선수를 배치해요. 라인업의 의도를 읽을 수 있게 되면 경기가 시작되기 전부터 오늘 경기의 색깔이 보이기 시작합니다.

⚾ 1번 – 경기의 문을 여는 사람

1번 타자는 팀에서 가장 먼저 타석에 서는 선수예요. 발이 빠르고 출루율이 높은 선수가 맡아요.

1번의 임무는 단순합니다. 일단 베이스에 나가는 거예요. 점수는 주자가 있어야 나거든요. 1번 타자가 출루하면 팀 전체에 활기가 생기고, 아웃이 되면 경기가 조용하게 시작돼요. SSG의 박성한처럼 발이 빠르고 볼넷을 잘 고르는 선수가 1번을 다는 이유가 여기 있어요.

1번 타자가 중요한 또 다른 이유가 있어요. 한 경기에서 가장 많이 타석에 서는 자리거든요. 9이닝 동안 타순이 여러 번 돌아오는데, 1번이 가장 많은 타석 기회를 갖습니다. 그만큼 1번은 팀 공격의 시작점 역할을 반드시 수행해야 해요.

✕ 2번 – 흐름을 이어가는 사람

2번 타자는 1번 타자가 출루했을 때 그 흐름을 이어가는 역할이에요. 예전에는 번트를 잘 대는 타자를 2번에 놓는 경우가 많았어요. 1번이 출루하면 번트로 2루에 보내는 거죠. 그런데 요즘은 달라졌어요. 2번에도 타격이 좋은 선수를 배치하는 팀이 늘었거든요. 1번과 2번이 연속으로 출루하면 3번·4번 강타자에게 찬스가 이어지는 구조를 만들기 위해서예요.

2번 타자의 역할이 달라진 건 데이터 야구의 영향이에요. 번트로 아웃카운트를 하나 쓰는 것보다 안타로 주자를 더 쌓는 게 득점 확률이 높다는 분석이 나오면서 2번 타자의 개념이 바뀌었습니다.

✕ 3번·4번 – 점수를 만드는 사람들

3번과 4번은 팀에서 가장 강한 타자가 맡아요. 그래서 이들을 클린업이라고 불러요. 앞선 타자들이 출루했을 때 한 번에 정리하는 역할이거든요. 장타력이 좋고 타점

능력이 뛰어난 선수들이 이 자리를 맡습니다. 홈런을 칠수 있는 거포 타자들이 중심 타선에 자리 잡는 이유가 여기 있어요.

3번과 4번 중에서 누가 더 중요한지는 팀마다 달라요. 보통은 더 완성도가 높은 타자를 3번에, 장타력이 더 강한 타자를 4번에 놓는 경향이 있어요. 3번 타자가 출루하면 4번 타자가 한 방으로 정리하는 구조를 만드는 거예요.

삼성의 구자욱, 두산의 양석환처럼 클린업을 지키는 타자가 타석에 들어서는 순간 경기장의 긴장감이 달라져요. 그 긴장감을 느끼기 시작하면 클린업이 왜 팀의 심장부인지 자연스럽게 알게 됩니다.

⚾ 5번·6번 — 중심을 받치는 사람들

5번과 6번은 클린업 뒤를 받치는 자리예요. 3번과 4번이 고의사구나 집중 견제를 받을 때 그 다음 타자가 약하면 상대 투수가 부담 없이 피해가거든요.

5번과 6번이 강하면 3번과 4번도 더 좋은 공을 받을 수 있어요. 바로 이것이 중심 타선 전체가 서로를 살리는 선순환 구조예요.

실제로 5번·6번 타자의 위협이 클수록 3번·4번 타자에게 오는 볼넷이 줄어들어요. 상대 투수가 3번·4번을 피해가기 어려워지거든요. 겉으로 잘 보이지 않지만 팀 타선 전체의 질을 높이는 숨은 역할이에요.

✖ 7번·8번·9번 – 끝이 아닌 연결

하위 타선이라고 해서 약한 타자들이 모이는 자리가 아니에요. 7번·8번·9번은 1번 타자 앞에서 흐름을 만들어주는 역할을 해요. 9번 타자가 출루하면 다시 1번 타자가 타석에 서거든요. 하위 타선이 상위 타선으로 연결되면 점수를 많이 뽑는 빅이닝이 시작될 수 있어요.

특히 9번 타자는 '두 번째 1번 타자'라는 말도 있어요. 9번 다음은 다시 1번으로 돌아오기 때문이에요. 하위 타선이 무너지면 상위 타선이 아무리 강해도 득점 기회가 줄어들어요. 감독이 하위 타선 구성에도 신경을 쓰는 이유가 바로 여기 있습니다.

라인업이 공개되는 순간부터 경기는 시작됩니다. 오늘 1번이 누구인지, 4번에 누가 들어왔는지, 평소와 다른 타순 변화가 있는지 등을 읽기 시작하면 경기 시작 전부터 감독이 오늘 무엇을 노리는지 보여요. 선발 라인업 발표가 단순한 명단 공개가 아니라 작전의 첫 수라는 걸 알게 되는 거예요.

타순을 알고 나면 경기 중 타석 하나하나의 의미가 달라집니다. 1번 타자가 출루했을 때의 기대감, 4번 타자가 고의사구로 걸어나갈 때의 아쉬움, 9번 타자가 2아웃에서 안타를 치고 나갔을 때의 설렘. 번호 하나에 이렇게 많은 이야기가 담겨 있어요.

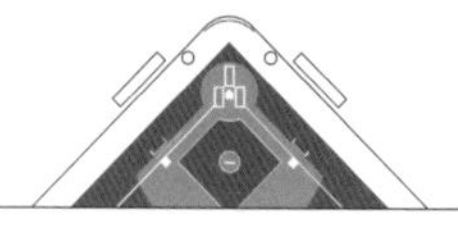

수비 시프트의 비밀
-"왜 저 선수 저기 있어요?"에 답하다

야구장에서 가끔 이상한 장면이 나와요. 내야수들이 평소와 전혀 다른 위치에 서 있습니다. 2루수가 1루 쪽으로 한참 이동해 있거나, 유격수가 2루 베이스 오른쪽에 서 있거나. 선수들이 왜 저기 있는지 모르겠는 순간이에요.

수비 시프트입니다. 감독이 특정 타자에 맞춰 수비 위치를 바꾸는 전략이에요. 알고 나면 그 장면이 단순한 배치가 아니라 치밀한 데이터의 결과라는 걸 느끼게 됩니다.

⚾ 타자마다 치는 방향이 다릅니다

수비 시프트를 이해하려면 먼저 타구 경향을 알아야 해요. 타자마다 공을 주로 치는 방향이 달라요. 오른손 타자 중에는 당겨 치는 경향이 강해서 좌익수 방향 타구가 많은 선수가 있고, 반대 방향으로 밀어 치는 선수가 있습니다. 타자마다의 이런 경향은 수백 타석의 데이터로 쌓여요.

감독과 코칭스태프는 상대 타자의 타구 방향 데이터를 분석합니다. '이 타자는 타구의 70퍼센트가 오른쪽으로 향한다'는 데이터가 있으면, 오른쪽에 수비수를 몰아 두는 거예요. 타구가 자주 가는 방향을 막는 것, 그게 수비 시프트의 핵심입니다.

⚾ 수비 시프트의 종류

수비 시프트는 크게 두 가지로 나뉩니다.

하나는 내야 시프트예요. 내야수 네 명의 위치를 조정하는 겁니다. 공을 당겨 치는 타자에게는 내야수를 한쪽으로 몰거나, 특정 구역에 내야수 두 명을 배치하기도 해요. 유격수가 2루 오른쪽에 서는 장면이 대표적인 내야 시프트입니다.

다른 하나는 외야 시프트예요. 외야수 세 명의 위치를 앞뒤로 조정하는 겁니다. 장타력이 강한 타자가 타석에 들어서면 외야수를 평소보다 뒤로 물리고, 발이 빠른 타자가 들어서면 앞으로 당겨서 짧은 타구를 대비해요. 같은 외야인데 타자에 따라 세 명이 서 있는 위치가 달라지는 거예요.

✗ 수비 시프트가 실패하는 순간

수비 시프트는 항상 성공하지 않습니다. 수비를 몰아놓은 반대 방향으로 타자가 밀어 치면 그쪽이 텅 비어 있어서 안타가 됩니다. 수비 시프트를 역이용한 거예요. 베테랑 타자들이 수비 시프트를 읽고 반대 방향으로 밀어 치는 장면, 그게 경험과 기술이 만들어낸 결과입니다.

내야 시프트가 깔린 상황에서 타자가 반대 방향으로

정확하게 밀어 치는 장면이 나오면 관중석이 탄성을 내는 이유가 여기 있어요. 데이터로 짜인 함정을 타자가 타격 기술로 빠져나온 거거든요.

⚔ 2026시즌부터 극단적 수비 시프트 제한

때로는 극단적인 수비 시프트가 종종 나오며 기이한 광경을 연출하기도 했습니다. 내야수 한 명이 내야를 완전히 벗어나 외야로 가거나 내야 왼쪽 공간으로 내야수 3명이 다 가있거나 하는 식이죠.

수비 시프트 제한은 이미 도입된 규정이지만, 2026시즌부터는 수비 시프트 제한이 더 강화됐습니다. 이제부터 내야수 네 명이 모두 내야 흙 경계 안에 있어야 하고, 2루를 기준으로 좌우 각각 두 명씩 배치해야 해요. 이런 규정을 위반한 수비수가 타구를 처리하면 타자에게 1루 출루권이 주어지기도 해요.

이 규정 변화로 극단적 시프트의 시대는 사실상 끝났습니다. 앞으로는 미리 위치를 잡아두는 수비보다 선수 개인의 운동 능력과 수비 범위가 훨씬 중요해졌어요. 발 빠르고 수비 범위가 넓은 내야수의 가치가 더 높아지는 거예요.

수비 시프트를 알고 나면 타자가 타석에 들어서기 전부터 볼 게 생깁니다. 내야수들이 어디에 서 있는지, 외야수들이 앞으로 당겨졌는지 뒤로 물러났는지. 그 배치 자체가 이 타자를 어떻게 분석했는지를 보여주거든요. 감독이 상대 타자를 어떻게 보고 있는지가 수비 위치에 그대로 드러나는 셈입니다.

상대팀 타자가 타석에 들어서는 순간 외야수들이 담장 가까이 물러나는 장면, 발 빠른 타자가 들어서자 외야수들이 앞으로 당겨지는 장면. 이제 그 움직임들이 눈에 들어오기 시작할 겁니다. 수비 배치를 읽는 순간, 타석이 시작되기 전부터 감독의 생각이 그라운드에 펼쳐져 있다는 걸 알게 돼요. 그게 데이터 야구의 얼굴이에요.

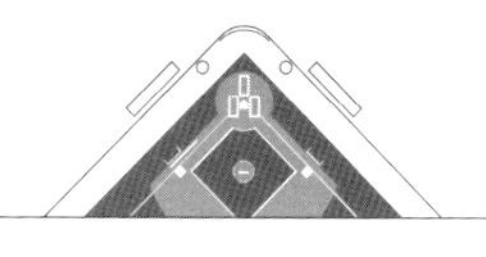

대타·대주자·대수비
– 교체 한 번에 경기가 뒤집힌다

야구장에서 경기 후반부로 갈수록 더그아웃이 바빠집니다. 감독이 선수를 자주 바꿔요. 타순이 돌아왔는데 원래 선수 대신 다른 선수가 나오거나, 안타를 치고 1루에 나간 선수가 갑자기 다른 선수로 교체되거나, 수비 이닝이 시작되면서 외야 자리가 바뀌거나. 이게 모두 교체 작전입니다.

대타, 대주자, 대수비. 세 가지 교체의 의미를 알고 나면 경기 후반부가 완전히 달라 보여요.

⚔ 대타 — 타격을 위한 교체

대타는 원래 타순의 선수 대신 다른 선수를 타석에 내보내는 겁니다. 감독이 대타를 쓰는 이유는 간단해요. 지금 이 타석에서 원래 선수보다 더 잘 칠 수 있는 선수가 있기 때문입니다. 상대 투수가 오른손이면 왼손 타자를 대타로 내보내거나, 결정적인 순간에 장타력이 좋은 선수를 내보내는 거예요.

대타가 선언되는 순간, 경기장 분위기가 달라집니다. 벤치에서 헬멧을 쓰고 나오는 선수, 관중석의 기대감. 그 선수가 안타를 치면 경기 흐름이 바뀌고, 아웃이 되면 아쉬움이 터져요. 대타 작전 한 번이 경기의 분수령이 되는 경우가 많거든요.

대타로 들어간 선수는 그 타석 이후 원칙적으로 경기에 계속 남아야 합니다. 대타를 쓰면 원래 선수는 그 경기에서 끝이에요. 그래서 감독은 대타 투입 타이밍을 신중하게 결정합니다. 너무 일찍 대타를 쓰면 나중에 더 필요한 순간에 쓸 선수가 없어지거든요.

✕ 대주자 — 주루 플레이를 위한 교체

대주자는 베이스에 나가 있는 주자를 더 빠른 선수로 바꾸는 겁니다. 경기 초반보다는 경기 후반에 대주가가 나오는 경우가 대부분입니다. 안타를 쳐서 1루에 나간 선수가 발이 느리면, 감독이 발 빠른 선수로 교체해요. 도루를 시도하거나, 다음 안타에 홈까지 들어올 가능성을 높이기 위해서입니다.

두산의 조수행처럼 발이 빠른 선수들이 경기 후반에 대주자로 자주 투입되는 이유가 여기 있어요. 이 선수들이 1루에 있으면 투수와 포수 입장에서는 도루를 끊임없이 신경 써야 하거든요. 그 부담 자체가 경기에 영향을 미칩니다.

대주자로 들어간 선수도, 그 이닝 이후에 수비에 나가야 합니다. 원래 선수는 경기에서 빠지는 거예요. 그래서 대주자를 투입할 때도 감독은 수비까지 고려해서 결정합니다.

✕ 대수비 – 수비를 위한 교체

대수비는 수비 능력이 좋은 선수로 교체하는 겁니다. 팀이 이기고 있는 상황에서 리드를 지키기 위해 수비가 좋은 선수를 투입하는 거예요. 대수비로 들어오는 선수는 타격이 조금 약해도 괜찮아요. 남은 이닝 동안 수비를 안정적으로 잘해서 실점만 막으면 되거든요.

외야에서 대수비가 자주 나옵니다. 이원석이나 최원영처럼 수비 범위가 넓고 발 빠른 선수가 경기 후반 대수비로 들어오는 장면이 대표적이에요. 담장 근처의 어려운 타구도 잡아낼 수 있는 선수를 넣어서 수비를 단단하게 하는 겁니다.

세 가지 교체의 공통점이 있어요. '한 번 쓰면 원래 선수는 그 경기에서 끝'이라는 겁니다. 교체는 되돌릴 수 없어요. 그래서 감독이 교체를 결정하는 순간은 경기에서 가장 중요한 판단 중 하나입니다.

9회말 동점 상황, 1루에 주자가 나갔을 때 감독이 대주자를 투입하는 장면. 7회 역전 찬스에서 대타를 내보내는 장면. 8회부터 외야를 통째로 바꾸는 장면. 이 결정들이 경기 결과를 바꾸는 경우가 얼마나 많은지, 직관을 거듭할수록 느끼게 됩니다.

교체 선수가 나오는 순간, 잘 주목해보세요. 감독이 지금 무엇을 노리고 있는지, 이 선수를 왜 지금 투입하는지 등 그 판단을 읽기 시작하면 야구에 대한 이해가 한층 더 깊어져요. 더그아웃에서 나오는 선수 한 명 한 명이 모두 이유 있는 선택이거든요.

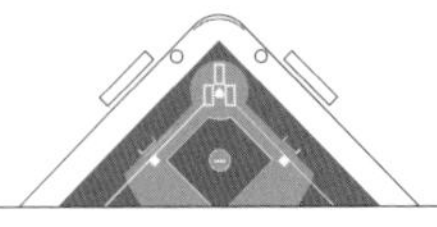

감독은
무슨 생각을 할까
- 더그아웃에서 이루어지는 결정들

더그아웃을 한번 바라보세요. 감독이 팔짱을 끼고 그라운드를 바라보고 있습니다. 경기가 잘 풀리는 날은 조용히 앉아 있고, 위기 상황이 오면 코치와 짧게 이야기를 나눠요. 마운드로 걸어가거나, 심판에게 항의하거나, 더그아웃 난간에 기대서 타자를 바라보기도 합니다.

감독은 경기 내내 쉬지 않아요. 매 이닝, 매 타석, 매 투구마다 생각하고 판단하고 결정합니다. 그 결정들이 쌓여서 경기 결과가 나와요.

⚾ 선발 라인업 ─ 경기 전의 첫 번째 결정

감독의 하루는 경기 시작 전부터 시작됩니다. 오늘 누가 선발투수로 나서는지, 타선은 어떻게 짜는지. 이걸 선발 라인업이라고 해요. 상대 팀 선발투수가 오른손인지 왼손인지에 따라 타선 구성이 달라지고, 선수들의 컨디션과 최근 성적도 고려합니다.

1번부터 9번 타자까지 순서를 정하는 것도 전략이에요. 발 빠른 선수를 위에 놓고, 장타력 있는 선수를 중심 타선에 배치하고, 출루율 좋은 선수를 어디에 넣을지. 라인업 하나에 감독의 오늘 경기 구상이 담겨 있습니다.

⚾ 볼카운트마다 달라지는 판단

경기가 시작되면 감독은 매 타석을 읽습니다. 볼카운트가 어떻게 흘러가는지, 투수의 구위는 오늘 좋은지, 상대 타자가 어떤 공을 노리는지. 이 모든 걸 더그아웃에서 지켜보면서 다음 결정을 준비해요.

희생번트를 지시할지, 히트앤런 사인을 낼지, 도루를

시도할지 등 이 사인들이 벤치에서 3루 코치를 거쳐 타자와 주자에게 전달됩니다. 3루 코치가 몸짓으로 뭔가를 열심히 하는 장면이 보이면 감독의 사인이 선수들에게 전달되는 거예요.

⚾ 투수 교체 – 가장 어려운 결정

감독이 내리는 결정 중에서 가장 어려운 게 투수 교체입니다. 선발투수가 잘 던지고 있어도 투구 수가 많아지면 교체를 고민해요. 반대로 흔들리고 있어도 불펜 상황이 좋지 않으면 좀 더 끌고 가야 할 수도 있습니다. 교체가 너무 빠르면 불펜이 지치고, 교체가 너무 늦으면 이미 점수를 내준 뒤예요.

감독이 마운드로 걷는 속도를 보면 그 결정이 얼마나 무거운지 느껴집니다. 빠르게 걸어가면 이미 교체를 결정한 거고, 천천히 걸어가면 투수와 이야기를 나눠보고 결정하려는 거예요. 그 짧은 마운드 위의 대화가 경기 흐름을 바꾸는 순간이 됩니다.

⚾ 위기 상황의 감독

경기가 위기에 처했을 때 감독의 진가가 드러납니다. 노아웃 만루에서 상대 팀 4번 타자가 타석에 들어서는 상황. 감독은 고의사구로 내보낼지, 정면 승부를 할지, 투수를 바꿀지를 순간적으로 결정해야 합니다.

정답이 없는 상황에서 결단을 내리는 게 감독의 역할이에요. 이 결정이 맞으면 명장이 되고, 틀리면 비판을 받습니다.

경기 후반인 7회 이후 감독의 머릿속은 퍼즐판이에요. 남은 이닝 동안 어떤 투수를 어느 순서로 쓸지, 대타와 대주자를 언제 투입할지, 수비 교체는 어느 타이밍에 할지 등 이 모든 걸 동시에 계산하면서 경기를 운영합니다.

직관을 하면서 더그아웃을 가끔 바라보세요. 감독이 코치와 이야기하는 장면, 마운드로 걸어가는 장면, 심판에게 항의하는 장면. 그 장면들 하나하나가 경기를 이기기 위한 판단이 담긴 순간입니다.

◆ 18.44미터의 거리

◆ 슬라이더·커브·체인지업

◆ 볼카운트로 읽는 주도권 싸움

◆ 타율·출루율·장타율

◆ 방어율(ERA)과 WHIP

◆ 번트와 히트앤런

◆ 클러치 상황의 심리

◆ 선수의 루틴과 징크스

4장

투수와 타자,
0.4초의 심리 게임

투수가 공을 던지고, 타자가 배트를 휘두르는 장면. 야구에서 가장 많이 반복되는 장면이에요. 그런데 이게 단순한 공 주고받기가 아닙니다. 0.4초 안에 벌어지는 치밀한 심리전이에요.

투수는 직구만 던지지 않아요. 슬라이더, 커브, 체인지업 등 구종마다 움직임이 다르고, 노리는 게 달라요. 볼카운트가 쌓이면서 주도권이 이동하고, 타자는 그 흐름 속에서 0.2초 안에 칠지 참을지를 결정해야 합니다. 타율 3할이 최고 수준인 이유가 바로 여기 있어요.

숫자도 있어요. 타율, 출루율, 장타율, 방어율, WHIP 등은 선수를 평가하는 숫자들이에요. 처음엔 낯설지만, 알고 나면 타석 하나하나가 다르게 보이기 시작합니다. 중계 화면에 뜨는 숫자가 말을 걸어오는 순간이 오거든요.

그리고 선수들의 이야기가 있어요. 타석에 들어서기 전 배트를 툭툭 치는 루틴, 파울라인을 절대 밟지 않는 징크스. 이런 것들이 경기 결과를 바꾸지는 않지만 알고 나면 야구가 훨씬 입체적으로 느껴지거든요.

4장은 투수와 타자의 싸움을 들여다봅니다. 변화구가 왜 존재하는지, 볼카운트가 어떻게 주도권을 만드는지, 클러치 상황에서 왜 그 선수가 나오는지 등을 알면 야구가 단순한 공놀이가 아니라는 걸 느끼게 될 거예요.

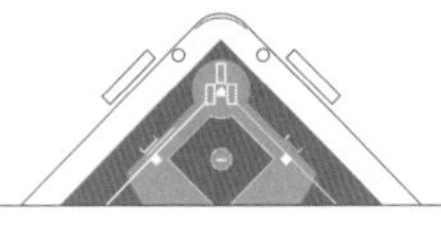

18.44미터의 거리
- 투수와 타자 사이에 흐르는 긴장

야구장에서 타석 근처에 서본 적 있으세요? 타석에 서면 마운드가 생각보다 가깝습니다. 투수가 공을 던지는 순간, 그 공이 눈앞으로 날아오는 느낌이 들어요. 실제로 마운드에서 홈플레이트까지의 거리는 18.44미터예요. 아파트 복도 두 개 길이 정도입니다.

그 짧은 거리를 시속 140킬로미터 이상의 공이 날아와요. 타자가 그 공에 배트를 맞추기까지 걸리는 시간은 0.4초 남짓입니다. 야구는 그 0.4초를 둘러싼 싸움이에요.

✠ 0.4초 동안 일어나는 일

투수가 공을 놓는 순간부터 타자의 배트가 공과 만나기까지 0.4초가 걸립니다. 그 시간 안에 타자는 엄청난 양의 판단을 해야 해요. 공이 직구인지 변화구인지, 스트라이크 존으로 들어오는지 빠지는지, 배트를 휘두를지 참을지 등 이 모든 판단이 0.2초 안에 끝나야 해요. 나머지 0.2초는 배트를 휘두르는 시간이거든요.

사람이 눈으로 무언가를 인식하는 데 걸리는 시간이 대략 0.2초예요. 즉 타자는 사실상 눈으로 공을 완전히 확인하기도 전에 배트를 휘두르기 시작해야 합니다. 경험과 예측, 그리고 훈련으로 쌓인 반응이 그 짧은 순간을 채우는 거예요.

✠ 투수가 유리한 이유

18.44미터라는 거리는 투수에게 유리하게 설계되어 있습니다. 타자가 판단하고 반응하기에 너무 짧은 거리예요. 거기다 투수는 공의 구종과 코스를 자유롭게 선택

할 수 있어요. 직구로 타이밍을 빼앗고, 변화구로 방향을 흐트러뜨리고, 코스를 바꿔서 배트가 닿지 않는 곳으로 보낼 수 있습니다.

반면 타자는 공이 오기 전까지 어떤 구종의 볼이 올지 모릅니다. 투수의 손에서 공이 떠난 뒤에야 판단을 시작해야 해요. 구조적으로 타자가 불리한 싸움이에요.

그래서 타율 3할이 좋은 타자의 기준이 됩니다. 열 번 중 세 번 안타를 치면 잘하는 거예요. 다른 스포츠에서 성공률 30퍼센트는 형편없는 수준이지만, 야구에서는 최고 수준이에요. 그만큼 타자가 불리한 싸움을 하고 있다는 뜻입니다.

⚾ 타자가 버티는 방법

투수와의 불리한 싸움에서 타자가 버티는 세 가지 방법이 있습니다.

첫째는 투수를 읽는 거예요. 투수의 폼, 팔의 각도, 손목의 움직임에서 어떤 공이 올지 힌트를 찾아요. 오랜 경험이 쌓인 베테랑 타자들이 신인 투수를 상대로 강한 이유가 여기 있습니다. 투수를 읽는 눈이 다르거든요.

둘째는 볼카운트를 유리하게 가져가는 거예요. 볼이 많이 쌓이면 투수가 스트라이크를 던져야 하는 부담이 생겨요. 타자가 잘 인내하며 기다릴수록 칠 수 있는 공이 올 가능성이 높아집니다.

셋째는 철저한 준비예요. 상대 투수의 주요 구종, 볼카운트별 패턴, 위기 상황에서 주로 던지는 공 등과 같은 데이터를 외우고 타석에 들어서는 겁니다. 김도영이 타석에서 여유 있어 보이는 이유가 단순히 재능 때문만은 아니에요. 준비가 그 여유를 만들어주는 거거든요.

⚾ 마운드가 높은 이유

마운드는 평평한 땅이 아니에요. 흙을 쌓아 올린 언덕입니다.

투수가 위에서 아래로 던지게 되면 공의 각도가 생겨요. 아래로 꺾이는 각도가 타자 입장에서 더 치기 어렵습니다. 마운드가 높을수록 투수가 유리해지는 이유예요. 반대로 마운드가 너무 높으면 타자가 너무 불리해지기 때문에 높이 규정이 있습니다.

투수가 마운드 위에서 몸을 낮추며 공을 뿌리는 장면, 이제 그 높이가 단순한 지형이 아니라 경기 설계의 일부라는 게 느껴지지 않으세요?

18.44미터는 너무 멀지도, 너무 가깝지도 않은 거리입니다. 이 거리가 조금만 길었어도 타자가 너무 유리했을 거예요. 이 거리가 조금만 짧았어도 타자가 배트를 휘두를 시간조차 없었을 겁니다. 수백 년의 야구 역사가 만들어낸 이 18.44미터의 거리가 투수와 타자의 팽팽한 긴장감을 만들어요.

한화의 김서현이 마운드 위에서 와인드업을 하고, 이때 LG의 문보경이 타석에서 배트를 쥐고 기다리는 순간. 그 18.44미터 사이에 경기의 모든 긴장이 압축되어 있습니다. 그 거리의 의미를 알고 나면 매 투구가 달리 보여요.

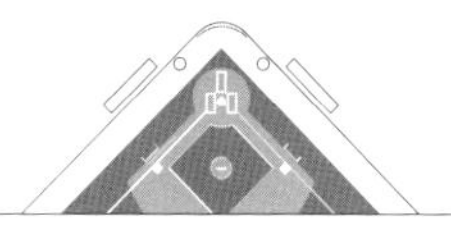

슬라이더·커브·체인지업
- 구종별 움직임과 용도

투수가 타자와의 승부에서 직구만 던지면 어떻게 될까요? 처음엔 직구가 빠르기에 치기 어렵겠지만, 타자가 몇 번 보고 나면 타이밍이 잡히고 맙니다. 그래서 투수는 타자의 예측을 깨야 합니다.

특히 한화의 문동주처럼 시속 160km에 육박하는 불같은 강속구를 가진 투수일수록 변화구는 더욱 효과적입니다. 타자가 그의 빠른 공에 대비해 잔뜩 긴장하고 있을 때, 예측 못한 변화구가 들어오면 타자의 배트는 허공을 가를 수밖에 없습니다.

직구가 위력적일수록 변화구의 마법은 더 강력해집니다. 슬라이더, 커브, 체인지업이 야구 중계에서 가장 자주 나오는 세 가지 변화구예요.

✕ 슬라이더 – 옆으로 미끄러지는 공

슬라이더는 타자 쪽으로 날아오다가 마지막 순간에 옆으로 미끄러지듯 빠지는 공입니다. 오른손 투수가 던지면 오른손 타자 기준으로 바깥쪽으로 빠져요. 타자가 스트라이크라고 판단해서 배트를 내밀었는데, 공이 배트 끝을 살짝 벗어나거나 아예 존 밖으로 나가버립니다. 슬라이더에 헛스윙이 나오는 가장 흔한 패턴이에요.

슬라이더는 직구와 비슷한 속도로 시작해서 마지막에 꺾이는 게 특징입니다. 너무 일찍 꺾이면 타자가 변화구임을 알아채거든요. 직구처럼 들어오다가 타자 앞에서 갑자기 방향을 바꾸는 게 좋은 슬라이더예요.

KBO에서는 슬라이더를 주무기로 쓰는 투수들이 많

아요. 타자 입장에서 직구와 슬라이더를 구분하는 게 가장 어렵거든요. 두산 김택연의 슬라이더가 타자 배트를 빗나가는 장면, 이제 왜 그 공에 방망이가 헛도는지 느껴질 겁니다. SSG 김광현은 이 슬라이더 하나로 한국 야구를 장기간 평정했습니다. 타자가 직구라 생각하고 배트를 내미는 찰나, 공이 바깥쪽으로 날카롭게 도망가며 헛스윙을 이끌어냅니다.

⚾ 커브 – 크게 떨어지는 공

커브는 세 가지 변화구 중 움직임이 가장 큰 공입니다. 위에서 아래로 크게 꺾여요. 투수가 공을 놓는 순간 높게 떠오르는 것처럼 보이다가 타자 앞에서 급격하게 아래로 떨어집니다. 처음 보면 "공이 두 개인 것처럼 느껴진다"는 표현을 하는 타자들도 있어요.

커브는 속도가 느린 대신 움직임이 커서 타자의 타이밍을 완전히 빼앗습니다. 직구를 기다리던 타자가 커브를 만나면 배트가 공보다 훨씬 일찍 나오거나, 아예 멈추고 지켜봐야 해요. 그런데 지켜보자니 스트라이크가 될 것 같고, 치려니 이미 타이밍이 맞지 않는 거예요.

커브는 주로 볼카운트에서 여유가 있을 때 효과적입니다. 스트라이크가 필요한 순간보다는 타자를 흔들어놓을 때 쓰는 경우가 많아요.

한화 박상원이 낙차 큰 커브로 타자를 얼어붙게 만드는 장면, 그게 커브의 매력이에요. 특히 KIA 이의리가 던지는 커브는 높은 타점에서 폭포수처럼 뚝 떨어지는 궤적을 그리며 타자들의 고개를 갸우뚱하게 만듭니다.

⚾ 체인지업 – 느리게 오는 함정

체인지업은 직구와 똑같은 폼으로 던지는데 공이 직구보다 훨씬 느립니다. 투수의 팔이 직구를 던질 때와 똑같이 움직여요. 타자는 직구가 온다고 판단해서 타이밍을 맞추는데, 공이 예상보다 10~15킬로미터 느리게 옵니다. 그러다보니 이미 배트가 나가버린 거예요.

체인지업은 속임수가 핵심입니다. 빠른 공처럼 보이다

가 느린 공이 오는 거예요. 그래서 직구가 빠른 투수일수록 체인지업이 더 효과적이에요. 직구가 시속 150킬로미터인 투수의 체인지업이 130킬로미터로 오면 타자가 속을 가능성이 훨씬 높거든요.

체인지업은 상대적으로 팔꿈치에 무리가 적어서 투수들이 많이 선호하는 구종이기도 합니다. 고영표, 류현진, 원태인처럼 체인지업을 주무기로 쓰는 투수들이 많은 이유가 바로 여기 있어요. 빠른 공이 없어도 타이밍을 완전히 빼앗는 체인지업 하나로 타자를 손쉽게 요리하는 거거든요.

슬라이더, 커브, 체인지업은 각각 다른 방식으로 타자를 공략합니다. 슬라이더는 방향으로, 커브는 크기로, 체인지업은 속도로 타자를 속여요.

좋은 투수는 이 세 가지를 상황에 맞게 조합해서 씁니다. 직구로 타자를 압박하다가 슬라이더로 헛스윙을 유도하고, 볼카운트가 유리해지면 커브로 루킹 삼진을 노리고, 타자가 빠른 공을 기다리면 체인지업으로 타이밍을 뺏는 거예요.

타자가 삼진을 당하는 장면을 보면 단순히 공을 못 친 게 아니에요. 삼진은 투수가 볼카운트를 쌓아가면서 치밀하게 설계한 결과입니다. 어떤 구종으로 삼진이 나왔는지 주목해보세요. 슬라이더에 헛스윙인지, 커브에 얼어붙었는지, 체인지업에 타이밍을 뺏겼는지 등 그 차이를 알기 시작하면 삼진 하나도 예전과는 전혀 다른 장면으로 다가옵니다.

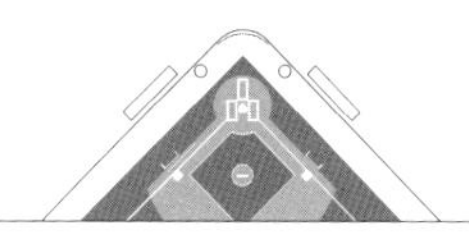

볼카운트로 읽는
주도권 싸움
- 누가 더 유리한 상황인가

야구 경기를 보다 보면 전광판 숫자가 자꾸 바뀝니다. B와 S 옆의 숫자예요. B는 볼, S는 스트라이크인데, 이 두 숫자가 쌓여가는 과정이 타석의 흐름을 만들어요.

그냥 숫자가 바뀌는 게 아니에요. 볼카운트가 바뀔 때마다 투수와 타자 사이의 주도권이 이동합니다. 볼카운트를 읽을 줄 알면 타석 하나가 짧은 드라마처럼 흥미진진하게 보이기 시작해요.

✖ 유리한 카운트, 불리한 카운트

볼카운트는 크게 '타자 유리, 투수 유리, 중립'으로 나뉩니다.

타자에게 유리한 카운트는 볼이 많이 쌓인 상황이에요. 볼 3개가 쌓인 상황인 3-0, 3-1 카운트가 대표적입니다. 투수가 스트라이크를 던져야 하는 부담이 생기거든요. 볼넷을 주면 안 되니까 스트라이크 존 안으로 공을 넣어야 해요. 타자 입장에서는 공이 어디로 올지 예측하기가 쉬워지는 상황입니다.

투수에게 유리한 카운트는 스트라이크가 많이 쌓인 상황이에요. 스트라이크 2개에 볼이 적은 상황인 0-2, 1-2 카운트가 대표적입니다. 타자는 삼진을 피해야 하니까 어떤 공이 와도 배트를 내밀어야 할 것 같은 압박을 받아요. 투수 입장에서는 존 밖으로 유인구를 던져서 헛스윙을 노릴 수 있습니다.

⚾ 3-0 카운트의 심리

볼 세 개가 먼저 쌓이면 투수가 굉장히 불리해집니다. 다음 공이 볼이 되면 볼넷이에요. 타자를 그냥 내보내는 거예요. 그래서 투수는 반드시 스트라이크를 던져야 하는 압박을 받습니다. 타자는 그걸 알고 기다려요.

3-0 카운트에서 타자는 가장 치기 좋은 공 하나만 기다립니다. 스트라이크 존 한가운데로 오는 직구, 그 공만 노리는 거예요. 이걸 그린라이트라고 해요. 감독이 3-0에서 치라는 사인을 내는 겁니다.

노시환처럼 장타력이 좋은 거포 타자가 3-0 카운트에서 타석에 서면 투수가 얼마나 부담스러운지, 이제 느껴지지 않으세요?

⚾ 0-2 카운트의 심리

반대로 스트라이크 두 개가 먼저 쌓이면 타자가 굉장히 불리해집니다. 다음 스트라이크 하나면 삼진이에요. 타자는 어떤 공이 와도 칠 준비를 해야 합니다. 그러면 투수가 존 밖으로 유인구를 던질 수 있어요. 타자가 애매한 공에도 반응하게 되거든요.

0-2 카운트에서 좋은 투수는 스트라이크 존 바깥쪽 경계선이나 아래쪽으로 빠지는 변화구를 던집니다. 타자가 치려고 배트를 내밀면 헛스윙이고, 참으면 스트라이크 판정이 날 수도 있어요. 어느 쪽이든 투수가 유리한 상황이에요.

✗ 카운트가 만드는 긴장의 흐름

타석 하나를 카운트 흐름으로 읽으면 이런 모습이에요. 초구는 볼, 타자에게 조금 유리해졌습니다. 1-0에서 직구가 스트라이크, 다시 동률이에요. 1-1에서 슬라이더가 빠져서 볼, 2-1이라 타자가 다시 유리해졌습니다. 2-1에서 타자가 직구를 노리는데 커브가 들어와서 스트라이크, 2-2가 되며 팽팽한 긴장이 흘러요. 2-2에서 체인지업에 헛스윙해서 삼진입니다.

이 흐름이 보이면 타석 하나가 단순한 공 주고받기가

아니게 됩니다. 야구는 볼카운트를 쌓아가면서 서로 유리한 상황을 만들려는 고도의 심리 게임이에요. 투수는 유리한 카운트를 만들려 하고, 타자는 불리한 카운트에서 버티려 합니다.

볼카운트를 읽기 시작하면 다음에 어떤 공이 올지 예측하는 재미가 생겨요. "3-1 카운트에서 이 투수는 어떤 공을 던질까? 0-2 카운트에서 타자가 어떤 공을 기다릴까?" 정답은 없지만 예측하는 과정 자체가 야구 보는 재미를 키워줍니다.

전광판의 B와 S 숫자를 이제 그냥 흘려보내지 마세요. 그 숫자가 바뀔 때마다 마운드 위의 투수와 타석 위의 타자 사이에서 주도권이 조금씩 이동하고 있습니다. 그 흐름을 느끼는 순간, 야구를 보는 눈이 훨씬 깊어져요.

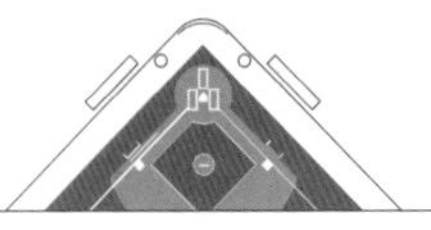

타율·출루율·장타율
– 타자를 평가하는 세 가지 숫자

야구를 보다 보면 숫자가 많이 나옵니다. 타율 0.312, 출루율 0.401, 장타율 0.523. 중계 화면 한쪽에 작게 뜨는 숫자들이에요. 야구를 잘 모르면 그냥 지나치기 쉬운데, 이 세 가지 숫자만 알아도 타자를 보는 눈이 완전히 달라집니다.

타자를 평가하는 숫자는 많지만 이 세 가지가 핵심이에요. 하나씩 차근차근 정리해드릴게요.

⚾ 타율 — 가장 익숙한 숫자

타율은 타자가 얼마나 자주 안타를 치는지를 나타냅니다. 계산 방법은 간단해요. 안타 수를 타수로 나누는 거예요. 100타수에서 30개의 안타를 쳤으면 타율이 0.300입니다. 흔히 3할이라고 해요.

3할이 기준점이에요. 최근 투고타저가 두드러지다 보니 시즌 타율 3할이면 KBO에서 최정상급 타자입니다. 2025 시즌에 3할 이상을 기록한 타자는 13명뿐입니다(타율 1위는 0.337인 양의지).

타율은 가장 오래된 타자 평가 지표예요. 직관적으로 이해하기 쉽고, 팬들이 친숙하게 느끼는 숫자입니다.

다만 타율만으로는 타자를 완전히 평가하기 어려워요. 안타를 치지 않아도 볼넷으로 출루하는 경우가 있거든요. 그래서 출루율이라는 숫자가 필요합니다. 투수가 가장 까다로워 하는 타자는 안타만 잘 치는 선수가 아니라, 끈질기게 공을 골라내어 어떻게든 베이스를 밟는 선수이기 때문이죠.

✖ 출루율 — 팀에 굉장히 중요한 개인 지표

출루율은 타자가 얼마나 자주 베이스에 나가는지를 나타냅니다. 안타뿐만 아니라 볼넷, 사구까지 포함해요. 어떤 방법으로든 아웃이 되지 않고 베이스에 나가면 출루로 계산됩니다. 출루율 0.400이면 열 번 타석에 들어서서 네 번 베이스에 나간다는 뜻이에요.

출루율이 높은 타자는 팀에 굉장히 중요합니다. 쉽사리 아웃되지 않는 선수거든요. 베이스에 자주 나가야 득점 기회가 더 많이 생기고, 주자가 있어야 다음 타자의 안타가 점수로 이어지거든요. 이들이 끈질기게 살아나가면 상대 투수는 더 많은 공을 던지며 지치게 되고, 결과적으로 팀 동료들에게 더 좋은 타격 기회를 만들어주죠.

타율은 낮은데 출루율이 높은 타자가 있어요. 안타는 많이 치지 않지만 볼넷을 많이 얻는 타자예요. 이런 타자를 '선구안이 좋다'고 합니다. 선구안이 좋아 볼넷을 잘 고르는 타자들이 팀 공격의 숨은 역할을 하는 이유가 여기 있어요.

⚾ 장타율 – 강타자를 상징하는 척도 중 하나

장타율은 타자가 얼마나 강한 타구를 만들어내는지를 나타냅니다. 계산 방식이 조금 독특해요. 단순히 안타 수가 아니라 루타 수를 타수로 나눠요. 1루타는 1점, 2루타는 2점, 3루타는 3점, 홈런은 4점으로 계산합니다. 장타를 많이 칠수록 장타율이 높아지는 구조예요.

장타율 0.500이면 타수당 평균 0.5루타를 만들어낸다는 뜻입니다. 홈런을 많이 치는 타자일수록 장타율이 높아요. 그래서 홈런 타자들의 장타율이 0.500을 넘기는 경우가 많습니다.

베이스에 주자가 있을 때 장타 한 방은 경기의 분위기를 단숨에 뒤집는 힘이 있습니다. 그래서 장타율은 강타자를 상징하는 가장 중요한 척도 중 하나로 꼽힙니다.

타율이 같아도 장타율이 다를 수 있어요. 단타만 치는 타자와 홈런을 많이 치는 타자의 타율이 같아도, 팀에 미치는 영향은 다르거든요. 장타율은 그 차이를 숫자로 보여줍니다.

✕ 출루율과 장타율의 합인 OPS

타율, 출루율, 장타율을 함께 보면 타자의 특성이 보입니다. 타율은 높은데 출루율이 비슷하면 볼넷을 잘 안 고르는 적극적인 타자예요. 출루율이 타율보다 많이 높으면 볼넷을 잘 골라내는 참을성 있는 타자입니다. 장타율이 출루율보다 훨씬 높으면 장타력이 좋은 타자예요.

출루율과 장타율의 합을 OPS라고 해요. OPS 0.900 이상이면 리그 최정상급 타자로 봅니다. 타자를 한 숫자로 빠르게 평가하고 싶을 때 OPS가 유용한 이유예요. 2025시즌의 OPS 최정상급 선수로는 KT의 안현민(1.018), 두산의 양의지(0.939)을 꼽을 수 있습니다.

전광판이나 중계 화면에 타자 이름과 함께 뜨는 숫자들, 이제 그냥 지나치지 마세요. 타율 0.340에 출루율 0.420, 장타율 0.560. 이 숫자가 보이면 이렇게 읽을 수 있습니다. '안타도 잘 치고, 볼넷도 잘 고르고, 장타도 있는 완성형 타자'예요.

안현민이 타석에 들어설 때 화면에 뜨는 숫자, 양의지의 타율이 시즌 중반 이후 어떻게 변하는지 등 그 숫자들이 선수를 보는 눈을 조금씩 키워줍니다. 야구는 숫자로 이야기하는 스포츠거든요. 세 가지만 알아도 그 대화에 충분히 낄 수 있어요.

방어율(ERA)과 WHIP
– 투수를 평가하는 숫자의 의미

타자에게 타율이 있다면, 투수에게는 방어율이 있습니다. 야구 중계를 보다 보면 투수 이름 옆에 숫자가 뜹니다. ERA 2.85, WHIP 1.12. 투수를 평가하는 숫자예요.

이 두 가지만 알아도 투수를 보는 눈이 생깁니다. 평균 자책점은 한 경기당 얼마나 점수를 내주는지를, WHIP은 한 이닝에 주자를 몇 명이나 내보내는지를 보여주는 지표입니다. 이 숫자들이 낮을수록 상대 타선을 압도하는 좋은 투수라는 뜻입니다.

⚔ 방어율(ERA) ─ 투수의 대표 성적표

방어율은 투수가 9이닝 동안 평균 몇 점을 내주는지를 나타냅니다. ERA는 Earned Run Average의 약자예요. 자책점을 이닝 수로 나눠서 9를 곱하는 방식으로 계산합니다. 이 숫자가 낮을수록 좋은 투수예요.

방어율 350이면 9이닝당 평균 3.5점을 내준다는 뜻입니다. 9이닝 동안 3.5점 정도로 실점을 막는다는 건 선발투수로서 팀의 마운드를 너무나도 잘 지탱하는 매우 뛰어난 수준입니다.

KBO에서 방어율 3.00 이하면 최상급의 선발투수이고, 3.50 이하면 정상급 선발투수예요. 마무리투수는 던지는 이닝이 짧아서 방어율이 더 낮은 경우가 많습니다. 2025시즌엔 외국인 투수 6명이 방어율 1~6위를 휩쓸었고, 국내 선수 중엔 임찬규가 3.03, 원태인이 3.24, 고영표가 3.30으로 방어율 7~9위를 차지했습니다.

방어율에는 자책점만 포함돼요. 수비 실책으로 나온 점수는 투수 방어율에 반영되지 않아요. 즉 투수가 책임질 수 있는 실점만 계산하는 거예요. 그래서 같은 점수를 내줘도 그 과정에 실책이 끼어 있으면 투수의 방어율에 영향이 없습니다.

⚔ 방어율과 자책점의 관계

방어율을 이해하려면 자책점을 알아야 합니다. 자책점은 투수 본인의 실력 부족으로 내준 점수예요. 안타, 홈런, 볼넷으로 내준 점수가 여기 해당해요.

반면 수비수의 실책으로 나간 주자가 점수를 내면 비자책점으로 처리됩니다. 즉 투수 방어율에는 영향을 주지 않아요.

이 구분이 중요한 이유가 있어요. 투수 혼자 다 막을 수 없는 상황도 있거든요. 수비가 실수를 하면 투수가 아무리 잘 던져도 점수가 나올 수 있어요. 방어율은 그런 외부 요인을 최대한 걸어내고 투수 본인의 실력을 보려는 지표입니다.

⚔ WHIP – 이닝당 출루 허용

WHIP은 방어율과 함께 투수를 평가하는 또 다른 숫자입니다. WHIP은 Walks plus Hits per Inning Pitched의 약자예요. 1이닝당 허용한 안타와 볼넷을 합쳐서 몇 명을 내보내는지를 나타냅니다. 이 숫자는 낮을수록 좋아요.

WHIP 1.00이면 1이닝에 평균 한 명의 주자를 내보낸다는 뜻이에요. KBO에서 WHIP 1.20 이하면 정상급 투수로 보고, 1.00 이하면 리그를 평정하는 최정상급 투수로 봅니다.

2025시즌 WHIP 순위는 외국인 투수들이 1~6위를 차지했습니다. 국내 투수 중에서는 원태인이 WHIP 1.10으로 가장 좋은 성적을 내며 7위를 차지했습니다.

방어율과 WHIP를 함께 보면 투수의 스타일이 보여요. 방어율은 낮은데 WHIP가 높은 투수가 있어요. 주자를 자주 내보내지만 득점은 잘 막는다는 뜻이에요. 즉 위기 관리 능력이 좋은 투수예요. 반대로 WHIP는 낮은데 방어율이 높으면 주자는 잘 안 내보내지만 홈런처럼 한 방에 점수를 내주는 경향이 있는 거예요.

⚔ 마무리투수의 숫자는 다릅니다

마무리투수는 방어율과 WHIP 외에 세이브라는 숫자가 중요합니다. 세이브는 팀이 이기고 있는 상황에서 마무리투수가 경기를 끝낸 횟수예요. KIA 정해영이나 KT 박영현처럼 KBO를 대표하는 마무리투수들의 세이브 숫자가 시즌 내내 쌓여가는 과정을 보는 것도 야구의 재미 중 하나입니다.

마무리투수는 던지는 이닝이 선발보다 훨씬 짧아서 방어율이 자연스럽게 낮게 나오는 경우가 많아요. 예를 들어 SSG의 마무리투수 조병현은 2025시즌에 30세이브에 1.60의 아주 낮은 방어율을 기록했죠. 그래서 선발투수와 마무리투수의 방어율을 단순 비교하기보다는 각자의 역할 안에서 얼마나 안정적인지를 보는 게 맞습니다.

오늘 선발투수가 누구인지 확인하고, 그 투수의 방어율과 WHIP를 한번 찾아보세요. 방어율 2.70에 WHIP 1.05라면 오늘 상대 팀 타선이 고전할 가능성이 높습니다. 반대로 방어율 5.00이 넘는 투수가 선발로 나오면 상대 팀의 공격 기회가 많아질 수 있어요.

숫자가 경기를 미리 읽는 눈을 만들어줍니다. LG의 임찬규가 오늘 선발로 나와서 7이닝 1실점을 기록하면 그게 방어율에 어떤 영향을 미치는지, 환화의 김서현이 9회를 삼자범퇴로 막으면 WHIP가 얼마나 좋아지는지 등 그 숫자들을 따라가다 보면 투수가 훨씬 입체적으로 보이기 시작해요.

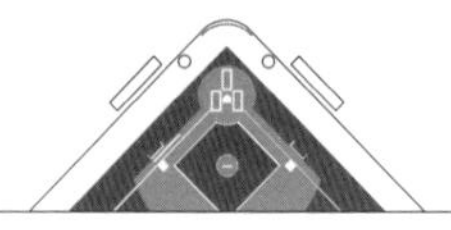

번트와 히트앤런
– 작전 야구를 읽는 눈

야구는 힘으로만 하는 스포츠가 아닙니다. 홈런이나 안타 같은 화끈한 장면만 야구가 아니에요. 타자가 방망이를 짧게 대고 공을 살짝 굴리는 장면, 주자가 투수가 공을 던지는 순간 무조건 뛰는 장면. 이런 작전 플레이들이 경기 흐름을 바꾸는 경우가 많습니다.

번트와 히트앤런은 야구에서 가장 자주 나오는 두 가지 작전이에요. 이 두 가지를 알고 나면 경기 중반 이후가 훨씬 재미있어집니다.

⚔ 번트 – 나를 희생해서 팀을 살리는 플레이

번트는 타자가 방망이를 짧게 잡고 공을 살짝 대는 타격 방식입니다. 강하게 치는 게 아니에요. 공이 내야 앞쪽에 살짝 굴러가도록 하는 거예요. 타자는 아웃이 되는 경우가 많아요. 그런데 그 대신 주자를 한 베이스 앞으로 보낼 수 있습니다.

자신을 희생해서 주자를 진루시키는 게 희생번트예요. 무사 1루에서 희생번트가 성공하면 1아웃 2루가 됩니다. 아웃카운트는 하나 늘었지만 주자가 득점 가능 위치로 이동한 거예요.

번트는 단 한 점이 간절한 경기 후반에 자주 볼 수 있는 작전입니다. 번트야말로 야구가 철저한 팀 스포츠라는 점을 가장 잘 보여주는 대목입니다.

번트를 잘 대는 타자가 따로 있어요. 방망이를 공에 부드럽게 대는 기술이 필수거든요. NC의 박민우처럼 번트를 정교하게 잘 대는 선수들이 팀에서 중요한 역할을 하는 이유가 여기 있습니다.

⚔ 번트 시프트 — 수비의 대응

상대 팀도 번트를 예상하면 거기에 맞춰 대비를 합니다. 투수와 3루수가 앞으로 돌진하면서 번트 타구를 잡으려는 거예요. 이걸 '번트 시프트'라고 해요. 번트 시프트가 잘 맞으면 번트 타구를 잡아서 2루 주자를 아웃시키는 경우도 있습니다. 번트 작전이 역이용당하는 거예요.

그래서 번트 상황에서는 공격 팀과 수비 팀 사이에 엄청난 눈치 싸움이 벌어져요. 번트를 댈 것처럼 자세를 취했다가 강하게 치는 '번트 히팅'이라는 기술도 있어요. 번트 시프트를 역이용하는 거예요. 수비가 앞으로 달려오는 순간 강하게 때리면 내야의 뒤쪽 공간이 텅 비어 있거든요.

⚔ 히트앤런 — 동시에 움직이는 작전

히트앤런은 이름 그대로 타자가 치면서 동시에 주자가 뛰는 작전입니다. 투수가 공을 던지는 순간 주자가 도루처럼 뜁니다. 동시에 타자는 어떤 공이 와도 무조건 배트를 내밀어요. 주자가 뛰는 걸 보고 포수가 2루로 송구하려는 찰나, 타자가 배트를 내밀어서 포수의 송구를 방해하는 거예요.

히트앤런 작전이 성공하면 안타가 되는 경우 주자가 두 베이스를 이동하는 경우도 있어요. 주자가 이미 뛰고 있었으니까 안타 한 방에도 1루에서 3루까지 단숨에 이동하는 거예요.

하지만 히트앤런 작전이 실패하면 위험합니다. 타자가 헛스윙을 하면 주자가 그냥 뛰고 있는 상황이 돼요. 포수가 2루로 바로 던지면 주자가 아웃될 수 있어요. 그래서 타자는 히트앤런 사인이 내려오면 어떤 공이 와도 반드시 배트를 내밀어야 합니다. '눈을 감고라도 쳐야 한다'는 표현이 나오는 이유예요.

히트앤런 작전은 상대 수비를 흔들어놓는 가장 강력한 무기입니다. 주자가 뛰면 내야수들은 베이스를 커버하기 위해 움직여야 하고, 그 과정에서 수비에 빈틈이 생기기 때문입니다. 타자가 헛스윙을 했을 때의 위험부담은 크지만, 성공했을 때 경기의 흐름을 단번에 가져오는 야구의 꽃과 같은 작전입니다.

⚔ 사인을 전달하는 방법

감독이 번트나 히트앤런 사인을 내리면 어떻게 선수에게 전달될까요? 3루 코치가 몸짓으로 신호를 보냅니다. 모자를 만지거나, 벨트를 짚거나, 팔을 어떻게 움직이거나 등 복잡해 보이는 동작들이에요. 그 동작 중에 진짜 사인이 숨어 있고, 나머지는 상대 팀을 헷갈리게 하는 위장 동작이에요.

상대 팀도 사인을 훔치려 합니다. 3루 코치의 동작을 분석해서 번트인지 히트앤런인지 파악하려는 거예요. 그래서 팀마다 사인 체계를 복잡하게 만들고, 시즌 중에 사인을 바꾸기도 합니다.

3루 코치가 타자와 주자를 향해 열심히 몸짓을 하는 장면, 이제 그게 감독의 작전이 전달되는 순간이라는 걸 알 수 있어요.

번트와 히트앤런을 알고 나면 경기 중반 이후가 달라
집니다. 무사 1루 상황에서 타자가 타석에 들어설 때, 번
트가 나올지 강공이 나올지 예측하는 재미가 생겨요. 투
수가 공을 던지는 순간 주자가 뛰면 히트앤런인지 도루
인지 구분하는 눈이 생기고요.

두산의 박찬호가 타석에서 번트 자세를 취하는 순간
두산 응원석이 술렁이는 장면, LG의 신민재가 투구와 동
시에 뛰기 시작하는 장면. 이제 그 장면들이 단순한 움직
임이 아니라 감독의 판단이 그라운드에서 실행되는 순
간으로 보이기 시작할 겁니다. 작전 야구를 읽는 눈이 생
기면 야구가 체스처럼 느껴지기 시작해요.

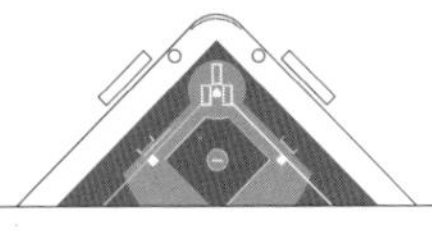

클러치 상황의 심리
– 9회말 2아웃에 믿음이 가는 타자

야구에서 가장 긴장되는 순간이 있습니다. 9회말 2아웃에 동점 상황, 타석에 타자가 들어서요. 관중석이 조용해집니다. 투수가 숨을 고르고, 타자가 타석에 서요. 이 순간 모든 게 멈춘 것 같은 느낌이 들어요.

바로 이게 클러치 상황입니다. 경기 결과가 이 한 타석에 달린 순간이에요. 야구 팬들이 이 순간을 위해 9이닝을 기다린다는 말도 있어요. 클러치 상황을 알고 나면 야구의 긴장감이 완전히 달라집니다.

⚔ 클러치 상황과 클러치 히터

클러치는 야구 경기의 결정적인 순간을 뜻합니다. 특히 점수 차가 적고 이닝이 끝나갈수록 클러치 상황이에요.

9회말 동점보다 더 극적인 클러치 상황은 없어요. 이 타석에서 안타가 나오면 팀이 이기고, 아웃이 되면 연장전에 돌입하거나 패배가 됩니다. 한 타석이 경기 전체를 결정하는 거예요.

클러치 상황에서 강한 타자를 클러치 히터라고 해요. 평소 성적도 중요하지만 결정적인 순간에 더 잘하는 선수가 있거든요. 반대로 평소엔 잘하다가 중요한 순간에 약해지는 타자도 있어요. 그래서 감독은 클러치 상황에서 특정 타자를 믿고 맡기는 거예요.

⚔ 찬스에 유난히 강한 타자

9회말 2아웃 동점 상황에서 타석에 들어서는 선수. 그 선수가 들어서면 응원하는 팬들의 기대치는 하늘을 찌릅니다. 결정적인 순간에 강한 선수이기 때문입니다. 평소 성적뿐만 아니라 엄청난 압박 상황에서 얼마나 침착한지가 관건입니다.

NC의 박민우와 롯데의 전준우는 이런 극한의 압박 속에서 더 무서워지는 대표적인 선수입니다. 팬들은 중요한 순간의 타석에 이런 선수가 들어서면 기묘한 안도감을 느낍니다. 압박 상황에서도 흔들리지 않는 집중력이 클러치 상황에서 빛을 발하는 거죠.

✖ 클러치 상황에서 투수의 심리

클러치 상황에서는 대담한 마무리투수도 흔들릴 수 있어요. 9이닝 내내 상대 타선을 잘 막아온 선발투수가 9회 마지막 타자에게 홈런을 맞는 장면도 나옵니다. 기술의 문제만이 아닙니다. 심리적 압박이 투구에 영향을 미치는 거예요.

좋은 마무리투수의 조건은 강한 공만이 아닙니다. 결정적인 순간에 평소와 똑같이 던질 수 있는 멘탈이에요. 두산의 김택연이 9회 마운드에 올라와서 표정 하나 변하지 않고 투구 준비를 하는 장면, 바로 그게 마무리투수가 가진 가장 중요한 능력이에요.

⚾ 관중이 만드는 압박

클러치 상황에서 관중석의 역할이 있습니다. 홈팀의 클러치 상황이면 관중이 엄청난 응원으로 선수를 밀어 줘요. 그 에너지가 실제로 선수에게 영향을 미칩니다. 수만 명이 한 선수를 응원하는 그 순간의 에너지는 경험해 보지 않으면 모르거든요.

반대로 원정 팀의 클러치 상황이면 관중석에서 야유가 쏟아지기도 해요. 그 압박 속에서도 흔들리지 않고 결과를 만들어내는 선수가 진정한 클러치 히터입니다.

야구는 마지막 아웃이 나오기 전까지 어떤 역전도 가능합니다. 9회말 2아웃에서도 안타 하나면 동점이 되고, 홈런 하나면 역전이 돼요. 그래서 야구는 끝까지 자리를 지켜야 하는 스포츠예요. 7회에 경기가 기울었다고 일어나는 팬들이 있지만, 야구를 오래 본 팬들은 절대 자리를 뜨지 않아요.

접전 상황에서 마지막 타자가 타석에 들어서고 구장 전체가 숨을 참는 그 정적을 꼭 경험해보세요. 9회말 2아웃에서 타석에 타자가 들어서는 순간, 구장 전체가 숨을 참는 그 느낌. 클러치 상황의 묘미를 알고 나면 야구장에서 마지막까지 자리를 지키게 됩니다. 그 순간을 위해 9이닝을 기다리는 거거든요.

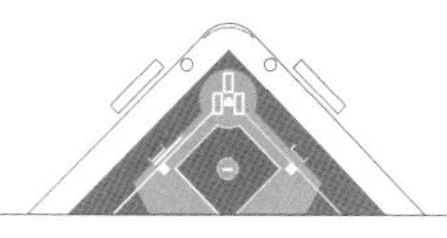

선수의 루틴과 징크스
- 그 선수가 그러는 덴 이유가 있다

타석에 들어서기 전 배트를 몇 번 휘두르는 선수, 수비 위치로 걸어가면서 반드시 같은 발로 파울라인을 넘는 선수, 경기 전 같은 음악을 같은 순서로 듣는 선수. 야구 선수들의 루틴과 징크스는 끝이 없어요. 처음엔 그냥 습관처럼 보이지만, 알고 나면 그게 얼마나 치열한 심리전의 산물인지 느껴집니다.

야구는 반복의 스포츠예요. 144경기를 치르는 긴 시즌 동안 컨디션을 유지하려면 몸과 마음의 리듬이 중요해요. 루틴은 그 리듬을 만드는 방법이에요. 잘 될 때의 패턴을 반복하면서 뇌와 몸을 "지금은 경기 모드"라고 전환시키는 거거든요. 징크스는 그 루틴이 깨졌을 때 생기는 불안을 다스리는 방식이기도 해요.

✕ 김도영 – 타석 안의 의식

KIA의 김도영은 타석에 들어서기 전 배트 끝을 툭툭 치거나 일정한 횟수의 빈 스윙을 해요. 타석 안에서 흙을 고르고 발 위치를 잡는 동작은 매번 똑같이 반복됩니다. 보는 사람 입장에서는 그냥 준비 동작처럼 보이지만, 그 짧은 시간 동안 김도영은 자기만의 집중 모드로 들어가는 거예요.

김도영이 타석에서 유난히 여유 있어 보이는 이유가 단순히 재능 때문만은 아니에요. 매 타석 같은 루틴을 반복하면서 몸이 자동으로 최적의 상태를 찾아가도록 훈련된 결과입니다. 기본기와 자기 절제가 강한 선수일수록 루틴이 정교하고 일관된 이유가 여기 있어요.

⚜ 황성빈 — 타석 앞의 투지

롯데의 황성빈은 타석에 들어설 때마다 헬멧을 고쳐 쓰고 배트로 땅을 치는 동작을 반복해요. 사직구장 팬들은 그 동작만 봐도 기대감이 올라온다고 할 정도로 황성빈의 타석 루틴은 이미 팬들에게 익숙한 장면이 됐습니다.

이 짧은 동작들이 수만 명의 함성 속에서 오직 공에만 집중하게 만드는 방법이에요. 극도의 긴장감을 다스리고 자신만의 리듬을 유지하려는 거거든요. 루틴은 선수가 외부 소음을 차단하고 자기 안으로 들어가는 스위치 같은 역할을 합니다.

⚜ 오지환 — 파울라인 밟지 않기

LG의 오지환은 유격수 자리로 나갈 때 파울라인을 밟지 않아요. 글러브를 특정 횟수만큼 두드리는 오지환 특유의 동작도 17시즌 동안 중계 카메라에 수없이 포착된 루틴이에요. 파울라인을 밟으면 안 좋다는 징크스에서 시작됐지만 지금은 경기 모드로 전환하는 신호가 됐습니다.

오지환이 파울라인을 밟지 않기 위해 폴짝 뛰어넘는 장면, 이제 단순한 미신으로 보이지 않을 거예요. 매 경기 수십 번씩 쏟아지는 타구를 처리해야 하는 유격수에게 집중력을 끌어올리는 루틴은 실력만큼 중요한 무기거든요. 17시즌 동안 변함없는 기량으로 같은 자리를 지킬 수 있었던 이유 중 하나예요.

✕ 정해영 – 마운드 위의 고요한 의식

KIA의 마무리투수 정해영은 공을 던지기 전 마운드 흙을 정성껏 고르고 깊은 숨을 내쉬는 루틴이 있어요. 승부의 중압감이 가장 큰 9회말, 발판을 고르게 다지며 복잡한 생각을 비워내고 오직 포수의 미트에만 집중하겠다는 그만의 의식이에요. 팬들은 정해영이 흙을 정리하는 정적인 뒷모습을 보며 승리를 지키러 나온 투수의 비장미를 느낍니다.

9회말 투아웃, 관중석의 함성이 최고조에 달할 때 마운드 위 투수는 가장 외로워져요. 그 폭풍 같은 소음 속에서 정해영이 일정한 동작으로 흙을 밟고 숨을 고르는 건 자신만의 고요한 영역을 만드는 과정이에요. 이 루틴 덕분에 시속 150km가 넘는 강속구를 스트라이크 존 구석구석으로 꽂아 넣을 수 있는 평정심이 유지되는 거예요.

선수들의 루틴과 징크스를 알고 나면 경기 도중의 장면들이 예전과는 다르게 보여요. 타석에 들어서기 전 배트를 고르는 동작, 수비 위치로 걸어가는 발걸음 등 그 하나하나가 선수만의 집중 의식이거든요.

야구는 경기 시작 전부터 이미 시작돼 있어요. 루틴을 알고 나면 선수들이 그라운드에 나오는 순간부터 눈이 가기 시작합니다. 그게 야구를 더 깊이 보는 또 다른 방법이에요.

◆ 응원가를 몰라도 신나는 응원석

◆ 상대 팀 팬과도 사이좋게

◆ 10개 구단 성격 해설

◆ 시즌의 흐름 읽기

◆ 가을 단기전, 무엇이 다른가

◆ 올스타, 골든글러브, MVP

◆ 야구를 더 즐기는 법

◆ 흥미로운 야구 상식

5장

즐기는 야구 팬이
된다는 것

경기가 끝났어요. 집에 오는 길에 하이라이트를 찾아보고, 커뮤니티에서 오늘 경기 이야기를 읽고, 좋아하는 선수의 응원가를 흥얼거립니다. 야구 팬이 된다는 건 경기장 밖에서도 야구가 이어지는 상태예요.

야구 팬이 되는 데 정해진 순서는 없어요. 응원가를 먼저 외우는 사람도 있고, 등번호를 먼저 외우는 사람도 있어요. 어떤 팀을 응원할지 고민하다가 어느 날 자연스럽게 결정되는 경우도 있습니다. 그 과정이 다 달라도 괜찮아요.

KBO에는 10개 팀이 있어요. 팀마다 색깔이 다르고, 팬 문화가 달라요. 시즌은 봄에 시작해서 가을 한국시리즈로 끝납니다. 그

긴 여정을 따라가다 보면 야구가 일상의 일부가 되는 순간이 와요. 비시즌이 허전하게 느껴지는 날이 오면 그게 신호예요.

야구 팬이 되는 순간도 제각각이에요. 어떤 사람은 좋아하는 선수가 끝내기 홈런을 치는 순간, 어떤 사람은 유니폼을 처음 입고 야구장에 들어서는 순간에 야구 팬이 됩니다. 언제 팬이 됐는지 정확히 말하기 어려운 경우가 많아요. 돌아보면 이미 야구 팬이 되어 있는 거거든요.

5장은 야구 팬이 되어가는 이야기예요. 응원 문화와 에티켓, 10개 구단의 성격, 시즌의 전체 흐름, 야구를 즐기는 방법까지 경기장 밖에서도 야구를 즐기는 법을 담았습니다.

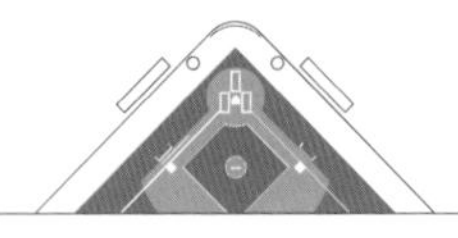

응원가를 몰라도
신나는 응원석
- KBO 응원 문화 입문

야구장에 처음 가는 분들이 가장 걱정하는 게 있어요. "응원가를 모르면 어떡하죠?"

괜찮습니다. 응원가를 모르고 가도 돼요. 응원단이 있고, 전광판에 가사가 뜨고, 옆 사람들이 다 같이 부르니까 따라 하다 보면 어느새 함께 소리를 지르고 있어요. 야구장 응원석은 처음 오는 사람을 환영하는 곳이거든요.

KBO 응원 문화는 세계에서 유례를 찾기 힘들 만큼 독특하고 에너지가 넘칩니다. 그 문화 속으로 들어가볼게요.

⚾ 응원단장과 치어리더

KBO 응원석에는 응원단장이 있어요. 응원단장이 마이크를 잡고 응원을 이끕니다. 타자가 타석에 들어서면 그 선수의 응원가를 시작해요. 응원단장이 선창하면 관중이 따라 부르는 구조예요. 처음엔 낯설어도 두세 번 들으면 후렴구 정도는 자연스럽게 따라 부르게 됩니다.

치어리더들이 응원석 앞쪽에서 계속 퍼포먼스를 해요. 응원 분위기를 띄우는 역할이에요. KBO 치어리더들의 공연은 야구장의 또 다른 볼거리이기도 합니다. 경기 중반 이닝 사이에 특별 공연을 하는 경우도 있어요.

⚾ 응원가

KBO의 가장 독특한 응원 문화가 바로 선수 개인 응원가예요. 타자가 타석에 들어설 때마다 그 선수만의 응원가가 흘러나옵니다. 팀에서 만들거나 팬들이 제안해서 채택하는 경우도 있어요. 응원가가 중독성이 있으면 팬들이 더 좋아하거든요.

김도영의 응원가, 문보경의 응원가, 오지환의 응원가 등 각자 다른 멜로디와 가사가 있어요. 좋아하는 선수의 응원가를 외우는 날이 오면 그 선수의 팬이 된 겁니다. 응원가를 따라 부르는 순간 야구장이 완전히 다른 공간이 돼요.

우리 팀이 공격할 때는 응원가를 부르며 타자를 응원해요. 안타가 나오면 환호하고, 아웃이 되면 아쉬운 탄식이 나옵니다. 에너지가 넘치는 시간이에요.

우리 팀이 수비할 때는 조금 조용해져요. 그래도 위기 상황에서 수비를 응원하거나, 삼진이 나오면 함께 환호합니다. 수비 이닝이 끝나고 공격 이닝이 시작되면 다시 우렁차게 응원가가 터져요.

✕ 응원 도구

KBO 응원석의 상징 중 하나가 막대풍선이에요. 두 개의 막대풍선을 박자에 맞게 두드리는 겁니다. 처음엔 어색하지만 옆 사람과 박자가 맞기 시작하면 그 진동이 온몸으로 느껴져요. 수만 명이 같은 박자로 막대풍선을 두드리는 그 소리, 야구장이 아니면 경험할 수 없는 감각이에요. 막대풍선은 팀 컬러로 나와요. KIA는 빨간색, LG는 빨간색과 검은색, 삼성은 파란색, 롯데는 파란색과 하얀색이에요. 응원석이 한 가지 색으로 물드는 장면이 야구장의 장관 중 하나입니다.

야구장에서 가장 눈에 띄는 응원 도구가 유니폼이에요. 유니폼은 레플리카와 어센틱, 두 종류가 있어요. 레플리카는 선수가 실제로 입는 유니폼과 비슷하게 만든 팬용 제품이에요. 어센틱은 실제 경기용 유니폼과 동일한 소재와 사양으로 만든 거예요. 가격 차이가 있으니, 처음이라면 레플리카로 시작하는 게 부담이 덜합니다.

유니폼 가격이 부담스럽다면 모자부터 시작해도 됩니다. 팀 로고가 새겨진 볼캡 하나만 써도 그 팀 팬으로 보여요. 가격도 유니폼보다 저렴하고, 야구장 밖에서도 쓸 수 있어서 실용적이에요. 응원석에서 팀 컬러 모자를 쓴 사람들이 모이면 그것만으로도 통일감이 생깁니다.

응원석에서 자주 보이는 다른 도구들도 있어요. 응원

타월은 팀 로고나 응원 문구가 새겨진 수건이에요. 위기 상황에서 함께 흔드는 장면이 나오는 그 타월이에요. 응원단이 특별한 상황에서 타월 웨이브를 유도하기도 해요. 개인 배너를 만들어서 가져오는 팬들도 있어요. 좋아하는 선수의 이름이나 응원 문구를 직접 써서 가져오는 거예요.

응원가를 몰라도, 응원 방법을 몰라도 괜찮아요. 야구장 응원석은 그 자체로 참여하기 쉬운 공간이에요. 옆 사람을 따라 하면 돼요. 응원단장이 이끄는 대로 따라가면 돼요. 안타가 나오면 함께 일어나서 소리를 지르면 되고, 아웃이 나오면 함께 아쉬워하면 됩니다.

중요한 건 같은 팀을 응원한다는 공감이에요. 처음 온 사람도, 수십 년 된 팬도 같은 응원가를 부르는 그 순간만큼은 모두 같은 편이에요. KIA 응원석에서 김도영의 응원가를 처음 따라 불렀을 때의 그 느낌, 한 번 경험하면 다음 직관이 기다려지기 시작합니다.

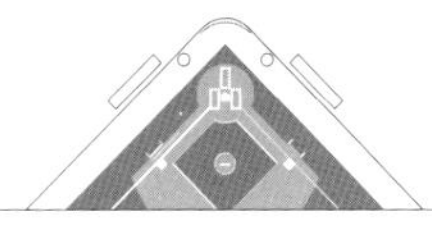

상대 팀 팬과도 사이좋게

- 알아두면 좋은 관전 에티켓

야구장에는 두 팀의 팬이 함께 있습니다. 홈팀 응원석과 원정팀 응원석이 나뉘어 있지만 같은 공간이에요. 매점에서 줄을 서고, 화장실을 함께 쓰고, 입장할 때 같은 게이트를 통과해요. 응원하는 팀은 달라도 같은 야구장에서 같은 경기를 보는 거거든요.

에티켓을 알고 가면 상대 팀 팬과도 불편하지 않아요. 오히려 상대 팀 팬과 눈이 마주쳐 웃는 순간, 야구장이 더 즐거워지기도 합니다.

⚒ 응원석을 구분해서 앉으세요

가장 기본적인 에티켓이에요. 홈팀 응원석과 원정팀 응원석이 구분되어 있어요. 티켓을 살 때 어느 팀 응원석인지 확인하고 앉으면 됩니다. 홈팀 응원석에 원정팀 유니폼을 입고 앉으면 불편한 시선을 받을 수 있어요. 원정팀을 응원하고 싶으면 원정팀 응원석이나 중립 지역에 앉는 게 좋습니다.

구장에 따라 외야 응원석이 홈팀 전용인 경우도 있어요. 티켓 구매 시 좌석 구역을 잘 확인해두는 게 좋습니다.

⚒ 상대 팀 선수에게 과한 야유는 자제하세요

응원에는 열정이 있어야 해요. 그런데 선을 넘으면 불쾌해집니다. 상대 팀 선수를 응원하지 않는 건 당연해요. 그런데 상대 팀의 특정 선수를 향해 인신공격성 야유를 보내는 건 다른 문제예요. 실수를 했을 때 아쉬움을 표현하는 것과 선수 개인을 모욕하는 건 다릅니다.

상대 팀 선수도 열심히 뛰는 선수예요. 경기에서 상대

팀이 지길 바라는 건 당연하지만, 상대 팀 선수의 인격을 공격하는 응원은 야구장 분위기를 해치거든요. 어린 관중들도 많은 공간이에요. 응원과 야유의 경계를 지키는 사람이 좋은 야구 팬이에요.

✖ 상대 팀 팬에게 시비 걸지 마세요

원정팀 응원석 근처를 지나갈 때 상대 팀 팬과 눈이 마주칠 수 있어요. 이때 상대를 괜히 자극하지 마세요.

그냥 지나치면 됩니다. 상대 팀 팬이 우리 팀을 응원한다고 뭐라고 하거나, 경기 결과로 시비를 거는 건 에티켓이 아니에요. 야구장에서 싸움이 나면 즐거운 직관이 망가지거든요.

오히려 상대 팀 팬과 자연스럽게 대화를 나누다 보면 공통 화제가 생겨요. 둘 다 야구를 좋아한다는 거거든요. 상대 팀 팬과 경기 이야기를 나누는 경험, 이건 야구장에서만 가능한 특별한 순간이에요.

⚾ 일어서는 타이밍을 맞추세요

응원석에서 일어서서 응원하는 건 당연해요. 그런데 뒤에 앉은 사람이 경기를 볼 수 없을 만큼 오랫동안 서 있으면 불편을 줄 수 있어요. 클러치 상황이나 결정적인 장면에서 일어서는 건 자연스럽지만, 평범한 이닝에서도 계속 서 있으면 뒤에 앉은 어린이나 키가 작은 관중이 경기를 볼 수 없게 됩니다.

주변을 한번 둘러보고 함께 일어서고 함께 앉는 흐름을 맞추면 좋아요. 자연스럽게 맞춰지는 경우가 대부분이에요.

⚾ 음식은 조용히 드세요

야구장에서 먹고 마시는 건 문화의 일부예요. 그런데 포장지 소리를 크게 내거나, 음식 냄새가 강한 것을 먹거나, 쓰레기를 자리 주변에 방치하는 건 옆 사람에게 불편을 줄 수 있어요. 쓰레기는 지정된 봉투나 쓰레기통에 버리는 게 기본이에요.

음식을 사러 자리를 비울 때는 이닝 사이를 활용하는 게 좋습니다. 투구가 진행중인 상황에서 자리를 이동하면 뒷사람의 시야를 가리게 되거든요. 이닝이 끝나는 타이밍에 움직이는 게 주변 관중에 대한 배려예요.

응원 에티켓이 딱딱하게 느껴질 수 있어요. 그런데 사실 에티켓은 모두가 더 즐겁게 야구를 보기 위한 약속이에요. 내가 조금 배려하면 옆 사람이 더 즐거워지고, 옆 사람이 조금 배려하면 내가 더 즐거워지는 거거든요. 야구장은 혼자 보는 공간이 아니에요.

상대 팀 팬과 눈이 마주쳤을 때 가볍게 고개를 끄덕이는 것, 우리 팀이 홈런을 쳤을 때 옆에 앉은 상대 팀 팬을 배려하는 것 등 그런 작은 순간들이 야구장을 더 따뜻한 공간으로 만들어요. 경기가 끝나고 나오면서 상대 팀 팬에게 "잘 싸웠어요"라고 한마디 건네는 여유, 야구를 오래 본 팬들이 자연스럽게 하는 행동이에요.

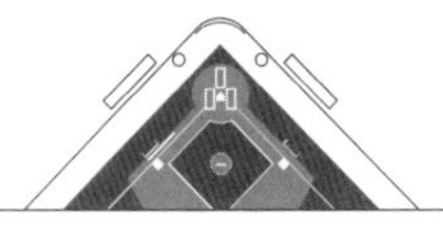

10개 구단 성격 해설
- 나는 어떤 팀과 잘 맞을까

KBO에는 10개 팀이 있습니다. 팀마다 연고지가 다르고, 팀 컬러가 다르고, 팬 문화가 달라요. 오랜 역사를 가진 팀도 있고, 비교적 새로운 팀도 있어요. 그간 우승을 많이 한 팀도 있고, 간절하게 우승을 기다리고 있는 팀이 있습니다.

어느 팀을 응원해야 할지 모르겠다면 이 내용이 도움이 될 거예요. 10개 팀의 성격과 분위기를 친절하게 정리해드릴게요.

⚔ KIA, 삼성, 롯데, 두산

KIA 타이거즈는 광주를 연고로 하는 팀이에요. KBO 역사상 가장 많은 우승을 차지한 팀입니다. 전신인 해태 타이거즈 시절부터 쌓아온 역사가 있어요. 팬들의 자부심이 강하고, 응원 열기가 뜨겁습니다. 우승에 익숙한 팬들이라 기대치도 높아요. 최근 김도영이라는 스타 선수가 등장하면서 젊은 팬들도 많이 늘었어요. 빨간색이 팀 컬러예요. 전통과 현재가 공존하는 팀이에요.

삼성 라이온즈는 대구를 연고로 하는 팀이에요. 2010년대 초반의 4연패를 포함해 우승을 여러 차례 경험한 강팀이에요. 대구 팬들의 충성도가 높고, 구단 운영이 안정적인 팀으로 알려져 있어요. 파란색이 팀 컬러예요. 원태인을 중심으로 한 투수진이 탄탄해요. 꾸준하고 안정적인 야구를 추구하는 팀이라는 이미지가 있습니다.

롯데 자이언츠는 부산을 연고로 하는 팀이에요. KBO에서 가장 뜨거운 팬덤을 가진 팀 중 하나예요. 부산 사직구장의 응원 열기는 원정 팀 선수들도 압도감을 느낄 정도로 유명합니다. 마지막 우승이 오래됐지만 팬들의 열정은 식지 않아요. 파란색과 하얀색이 팀 컬러예요. 고승민, 전준우 같은 선수들이 팬들의 사랑을 받고 있어요.

두산 베어스는 LG와 같은 잠실구장을 홈으로 쓰는 팀이에요. 두산도 우승 경험이 풍부한 강팀입니다. 짙은 남색이 팀 컬러예요. 두산 팬들은 어떤 상황에서도 흔들리지 않는 응원으로 유명해요. 팀이 어려울 때도 꾸준히 응원하는 충성도 높은 팬들이 많습니다.

⚾ LG, 키움, SSG

LG 트윈스는 서울 잠실을 연고로 하는 팀이에요. 오랜 준우승의 설움을 딛고 2023년 한국시리즈 우승을 차지했어요. 그 기다림이 길었던 만큼 팬들의 환호도 컸습니다. 잠실 야구장 LG 응원석의 열기는 KBO에서도 손꼽혀요. 빨간색과 검은색이 팀 컬러예요. 오지환, 문보경 같은 스타들이 있어요.

키움 히어로즈는 서울 고척을 연고로 하는 팀이에요.

국내 유일의 돔구장인 고척스카이돔을 홈으로 씁니다. 날씨에 상관없이 경기를 할 수 있는 게 특징이에요. 구단 운영 방식이 독특하고, 팬들의 응원 문화도 개성이 있어요. 빨간색이 팀 컬러예요. 젊고 개성 있는 팬들이 많아요. 이주형, 정현우 같은 젊은 선수들이 팀을 이끌고 있습니다.

SSG 랜더스는 인천을 연고로 하는 팀이에요. SK 와이번스에서 SSG 랜더스로 이름이 바뀐 팀이에요. 2022년 한국시리즈 우승을 차지하면서 팬들에게 기쁨을 줬습니다. 홈 경기장인 인천 SSG 랜더스필드의 분위기가 좋아요. 빨간색이 팀 컬러예요. 최정이라는 KBO 홈런 기록의 산증인이 뛰는 팀이에요.

✕ KT, NC, 한화

KT 위즈는 수원을 연고로 하는 팀이에요. 2015년 창단한 KBO 최연소 구단이에요. 짧은 역사에도 불구하고 2021년 한국시리즈 우승을 차지했습니다. 박영현 같은 강력한 마무리투수가 있어요. 빨간색과 검은색이 팀 컬러예요. 역사는 짧지만 우승을 경험한 팀이라는 자부심이 있어요. 젊은 팀 특유의 에너지가 있는 구단입니다.

NC 다이노스는 창원을 연고로 하는 팀이에요. 2011년 창단한 비교적 새로운 팀이에요. 짧은 역사에도 불구하고 2020년 한국시리즈 우승을 차지했습니다. 구단 운영이 체계적이고, 데이터 야구를 추구하는 팀으로 알려져 있어요. 빨간색과 금색이 팀 컬러예요. 권희동, 박민우 같은 베테랑과 함께 젊은 선수들이 조화를 이루고 있는 팀이에요.

한화 이글스는 대전을 연고로 하는 팀이에요. 오랫동안 하위권을 맴돌며 팬들의 인내심을 시험했지만, 최근 젊은 선수들이 성장하면서 분위기가 완전히 달라졌어요. 문동주, 노시환, 김서현 같은 젊은 스타들이 등장하면서 팬층이 젊어지고 있습니다. 오렌지색이 팀 컬러예요. 오랜 기다림 끝에 강팀으로 거듭나는 과정을 함께하는 재미가 있는 팀이에요.

✖ 최애 팀을 고르는 나만의 기준

팀을 고르는 데 정답은 없어요. 그런데 기준이 있으면 선택이 쉬워집니다. 야구 팬들이 팀을 고르는 방식은 크게 세 가지예요.

첫 번째 기준은 연고지예요. 가장 전통적인 팀 선택 방법이에요. 내가 사는 곳, 혹은 자란 곳과 연고지가 같은 팀을 응원하는 거예요. 연고지 팀을 응원하면 장점이 있어요. 홈경기를 자주 볼 수 있고, 주변에 같은 팀 팬이 많아요. 동네 친구들과 같이 응원하러 가는 경험, 그게 야구 팬이 되는 가장 자연스러운 경로이기도 해요.

두 번째 기준은 스타 선수예요. 좋아하는 선수가 생기면 자연스럽게 그 팀 팬이 되는 경우가 많아요. 김도영을 좋아하면 KIA 팬이 되는 거예요. 문보경을 좋아하면 LG 팬이 되는 거고요. 이처럼 선수 한 명이 팀 전체를 응원하는 시작점이 되는 경우가 정말 많아요.

세 번째 기준은 팀 컬러와 디자인이에요. 팀 컬러가 마음에 드는 팀을 고르는 것도 훌륭한 이유예요. 유니폼을 입고, 굿즈를 사고, 응원석에서 막대풍선을 들게 되는데, 그 디자인과 색깔이 마음에 들어야 오래 응원할 수 있거든요. 빨간색이 좋다면 KIA, 한화, SSG, 키움 중에서 고를 수 있어요. 파란색이 좋다면 삼성이나 롯데가 맞아요.

어느 팀을 응원하든 상관없어요. 중요한 건 내가 응원하는 팀이 생기는 순간 야구가 완전히 달라진다는 거예요. 그 팀의 경기가 있는 날은 하루가 달라지고, 이기면 기쁘고, 지면 너무 아쉽고, 시즌이 끝나면 내년을 손꼽아 기다리게 돼요.

연고지도 좋고, 좋아하는 선수도 좋고, 유니폼 색깔도 좋아요. 이유가 뭐든 일단 한 팀을 골라보세요. 좋아하는 팀이 생기는 순간 야구장이 예전과는 완전히 달라 보이기 시작합니다. 그게 야구 팬이 되는 가장 확실한 방법이에요.

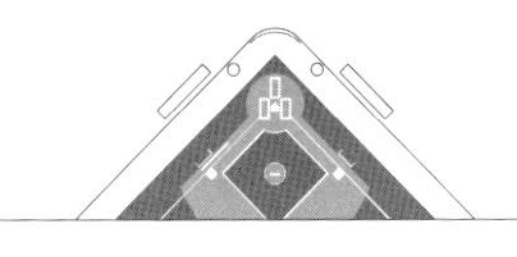

시즌의 흐름 읽기
– 스프링캠프부터 한국시리즈까지

야구는 1년 내내 이어지는 스포츠예요. 봄에 시작해서 가을에야 마침내 끝납니다.

그 긴 여정에는 흐름이 있어요. 스프링캠프, 개막, 시즌 중반, 가을야구, 한국시리즈. 이렇게 각 시기마다 야구가 다른 얼굴을 보여줘요.

이 1년 동안의 흐름을 알고 나면 야구를 1년 단위로 따라가는 각별한 재미가 생깁니다. 시즌 전체가 하나의 긴 이야기예요.

⚔ 스프링캠프 — 새 시즌의 시작

매년 1월에서 2월, 선수들이 해외의 훈련지로 떠납니다. 스프링캠프예요. 일본 오키나와나 미국 애리조나 같은 따뜻한 곳에서 체력을 끌어올리고 새 시즌을 준비합니다. 신인 선수들이 처음 1군 캠프에 합류하는 시기이기도 해요.

팬들이 스프링캠프 소식을 유독 반기는 이유가 있어요. 기나긴 비시즌이 끝나고 야구가 드디어 돌아온다는 신호거든요. 캠프 현장 사진이나 연습 영상이 올라오면 팬들 사이에서 새 시즌에 대한 기대감이 달아오르기 시작합니다.

⚔ 개막 — 봄의 설렘

3월 말에 KBO 정규시즌이 드디어 시작됩니다. 개막전은 야구 팬들에게 특별한 날이에요. 모든 팀이 같은 출발선에 서는 날이거든요. 작년의 꼴찌 팀도, 올해의 우승 후보도 개막일에는 0승 0패로 시작해요. 새 시즌에 대한 기대와 설렘이 가장 큰 순간이에요.

개막전 티켓은 경쟁이 너무나 치열해요. 일찍 매진되는 경우가 많아서 팬들이 오픈런을 하기도 합니다. 개막전 직관은 야구 팬이라면 한 번쯤 경험해볼 만한 아주 특별한 날이에요.

✕ 정규시즌 ─ 길고 긴 144경기

KBO 정규시즌은 팀당 144경기예요. 3월 말부터 10월 초까지 이어지는 긴 여정이에요. 7일 중 6일은 경기를 하는 빡빡한 일정이에요.

그래서 야구는 컨디션 관리와 선수층이 중요한 스포츠예요. 한 경기에 모든 걸 쏟아붓기보다 긴 시즌을 잘 관리하는 팀이 결국 살아남거든요.

시즌 초반에는 분위기를 타는 팀이 있어요. 여름이 되면 더위와 싸우면서 체력이 중요해지고, 9월에는 포스트시즌 진출을 놓고 치열한 순위 싸움이 벌어져요. 시기마다 야구의 맛이 달라요.

⚾ 가을야구 — 진짜 싸움의 시작

정규시즌이 끝나면 포스트시즌이 시작됩니다. 이걸 '가을야구'라고 부르기도 해요. 정규시즌 상위 5개 팀이 토너먼트 방식으로 맞붙어요. 와일드카드 결정전, 준플레이오프, 플레이오프, 한국시리즈 순으로 이어집니다.

가을야구는 정규시즌과 분위기가 완전히 달라요. 단판 혹은 짧은 시리즈로 진행되기 때문에 한 경기 한 경기가 목숨을 건 싸움이에요. 정규시즌 내내 강했던 팀이 가을야구에서 허무하게 무너지는 경우도 있고, 겨우 포스트시즌에 진출한 팀이 돌풍을 일으키는 경우도 있어요. 야구의 묘미가 가장 극적으로 펼쳐지는 시기입니다.

⚾ 한국시리즈 — 모든 것의 종착점

가을야구의 마지막이 한국시리즈예요. 정규시즌 1위와 플레이오프 승자, 이렇게 최강 두 팀이 7전 4선승제로 챔피언을 가립니다. 10월에서 11월 초까지 이어지는 한국시리즈는 KBO 시즌 전체의 클라이맥스예요.

한국시리즈 티켓은 구하기가 가장 어려운 티켓이에요. 경기장 분위기도 정규시즌과 차원이 달라요. 그 자리에 있었다는 것만으로도 평생 기억에 남는 경험이 됩니다.

우승 팀이 결정되는 마지막 경기, 마지막 아웃이 잡히는 순간 선수들이 마운드로 뛰어가죠. 그 장면을 직접 보는 게 야구 팬의 버킷리스트 중 하나예요.

한국시리즈가 끝나면 비시즌이 시작돼요. 11월에서 다음 해 3월까지예요. FA 계약 소식, 트레이드, 신인 드래프트 등 경기는 없지만 야구 뉴스는 계속 나와요. 비시즌에 어떤 선수가 어느 팀으로 이적하는지, 새 외국인 선수가 누구인지 등 그 소식들을 따라가는 것도 야구 팬의 즐거움이에요.

비시즌이 길게 느껴지는 날이 오면 그때는 이미 진짜 야구 팬이 된 거예요. 야구가 없는 겨울이 허전하게 느껴지기 시작하거든요. 스프링캠프 소식이 들려오는 날, 그 반가움이 야구가 당신 삶의 일부가 됐다는 증거입니다.

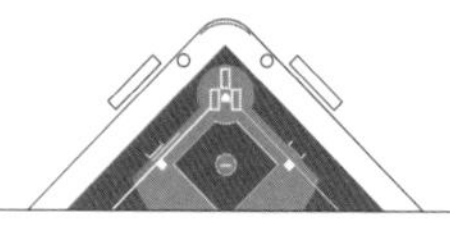

가을 단기전, 무엇이 다른가
- 정규시즌과 단기전의 차이

10월이 되면 야구가 달라집니다. 정규시즌 내내 쌓아온 것들이 드디어 단 몇 경기로 압축되는 시간이에요. 1위 팀도, 간신히 5위로 턱걸이한 팀도 10월이 되면 같은 출발선에 서요. 정규시즌 144경기의 성적이 하루아침에 뒤집히는 일이 벌어지는 게 바로 가을야구예요. 야구 팬들이 1년 내내 정규시즌을 따라가면서 기다리는 게 결국 이 순간이에요.

가을야구는 포스트시즌이라고도 해요. 정규시즌 상위

5개 팀이 토너먼트 방식으로 맞붙어요. 와일드카드 결정전, 준플레이오프, 플레이오프, 한국시리즈 순으로 이어지는데, 각 단계마다 규칙이 달라요. 다음 라운드로 갈수록 경기 수가 늘어나고, 긴장감도 올라갑니다.

✖ 가을 단기전 승부의 묘미

정규시즌은 144경기예요. 길고 긴 마라톤이에요. 한 경기를 지더라도 다음 경기에서 만회할 수 있어요. 부진한 선수가 있어도 시간이 지나면 회복할 수 있고, 전략이 맞지 않으면 조정할 여유가 있어요. 잘하는 팀이 결국 살아남는 구조예요.

하지만 단기전은 완전히 달라요. 정규시즌 4~5위가 맞붙는 와일드카드는 최대 2경기(4위 팀은 1승 어드밴티지, 5위 팀은 2연승 필요), 준플레이오프는 5전 3선승, 플레이오프는 5전 3선승이에요. 경기 중의 실수 한 번이 시리즈 전체의 판도를 뒤흔들 수 있어요.

정규시즌에 잘하던 에이스 투수가 단기전에서 흔들리

면 팀 전체가 흔들려요. 반대로 정규시즌에 평범했던 선수가 단기전에서 갑자기 터지는 경우도 있어요. 그래서 가을야구에는 영웅이 탄생해요.

⚔ 예측 불가능한 가을야구

가을야구의 가장 큰 매력이 바로 여기 있어요. 정규시즌을 1위로 마쳤다고 한국시리즈에서 유리한 건 아니거든요. 오히려 와일드카드부터 올라온 팀이 기세를 타면 막기 어려울 수 있어요. 매 경기 절박하게 싸워온 팀의 에너지가 정규시즌 내내 안정적으로 운영해온 팀보다 단기전에서 강하게 나오는 경우가 있거든요.

반대로 정규시즌 1위 팀은 '한국시리즈 직행'이라는 이점이 있어요. 아래 라운드 소모 없이 체력과 투수진을 온전히 보존한 상태로 한국시리즈에 나설 수 있거든요. 쉬면서 기다리는 것과 치고 올라오는 것, 어느 쪽이 유리한지는 매년 달라요. 그게 가을야구를 예측 불가능하게 만드는 이유예요.

✖ 한국시리즈 – 모든 것의 클라이맥스

한국시리즈는 7전 4선승제예요. 먼저 4승을 따내는 팀이 그해 챔피언이 됩니다. 7경기 모두 가는 경우엔 양 팀의 에이스가 지친 몸을 이끌고 마지막 한판 승부를 펼쳐요. 7차전 마지막 이닝, 마지막 타석. 이 순간을 위해 한 시즌 전체가 존재한다고 해도 과언이 아니에요.

우승 팀이 결정되는 마지막 아웃이 잡히는 순간, 선수들이 마운드로 뛰어가는 장면. 직접 보는 게 야구 팬의 버킷리스트 중 하나인 이유가 있어요. 144경기를 따라온 한 시즌의 감정이 그 순간 하나에 압축되거든요.

가을야구를 알고 나면 정규시즌 내내 순위표를 보는 눈이 달라집니다. "저 팀이 5위 안에 들 수 있을까, 저 팀이 1위로 마치면 어느 팀과 붙을까", 시즌 전체가 하나의 긴 이야기로 읽히기 시작해요.

가을야구는 야구가 가장 야구다운 시간이에요. 정규시즌의 긴 여정이 단 몇 경기로 압축되고, 예상이 빗나가고, 영웅이 탄생하고, 때로는 강팀이 허무하게 무너지기도 해요. 그 모든 게 가을야구의 매력이에요.

처음 야구를 보기 시작했다면 올해 가을야구는 반드시 챙겨보세요. 정규시즌을 따라온 사람에게 가을야구는 전혀 다른 경험이 돼요. 좋아하는 팀이 가을야구에 진출하는 순간, 그 팀의 팬이 된 게 얼마나 잘한 일인지 느끼게 됩니다.

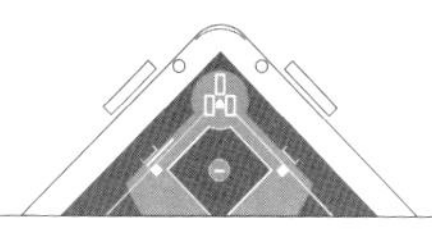

올스타, 골든글러브, MVP
– 시즌의 별들이 한자리에 모인다

야구 시즌에는 경기만 있는 게 아니에요. 시즌 중간과 끝에 그해 가장 빛난 선수들을 선정하고 기리는 특별한 행사들이 있어요.

올스타전, 골든글러브, MVP. 이 세 가지를 알면 시즌 전체가 더 풍성하게 느껴집니다. 경기를 따라가다 보면 자연스럽게 "저 선수가 올해 올스타에 뽑힐까?" "골든글러브는 누가 받을까?" 하는 궁금증이 생기거든요.

이 행사들은 단순한 시상식이 아니에요. 팬들이 직접

투표에 참여하고, 선수들이 서로 경쟁하고, 시즌의 흐름을 만들어가는 또 다른 이야기예요. 경기 결과 못지않게 팬들의 관심을 끄는 이유가 여기 있어요.

⚾ 올스타전 – 팬이 만드는 드림팀

올스타전은 시즌 중간인 7월 중순에 열려요. 그해 가장 뛰어난 활약을 펼친 선수들이 한자리에 모여 경기를 하는 행사예요. KBO는 '팬 투표, 선수단 투표, 감독 추천'으로 올스타 선수를 선발해요. 베스트 12는 팬투표(70%)와 선수단투표(30%)로 뽑고, 나머지는 감독 추천으로 뽑아요.

그래서 올스타 투표 시즌이 되면 팬들 사이에서 열기가 후끈 달아올라요. 내가 좋아하는 선수를 올스타에 보내기 위해 투표를 독려하고, SNS에서 투표 캠페인을 벌이기도 해요.

올스타전 자체는 정규시즌만큼 치열하지 않아요. 선수들이 부상 없이 팬들에게 즐거운 경기를 보여주는 축제 분위기거든요. 홈런 경연, 다양한 이벤트가 함께 열려요. 좋아하는 선수가 올스타에 선발되는 것만으로도 팬들에게는 큰 기쁨이에요.

⚔ 골든글러브 – 포지션별 최고 수비수

골든글러브는 시즌이 끝난 후 각 포지션에서 가장 뛰어난 활약을 한 선수에게 주어지는 상이에요. 투수, 포수, 1루수, 2루수, 3루수, 유격수, 좌익수, 중견수, 우익수, 지명타자, 이렇게 각 수비 포지션별로 딱 한 명씩만 선정됩니다. 한국야구기자회 투표로 결정되기 때문에 매년 선정 결과를 두고 팬들 사이에서 갑론을박이 벌어지기도 해요.

이름은 골든글러브지만 수비만 보는 게 아니에요. 타격 성적, 수비 기여도, 시즌 전체 활약을 종합적으로 평가해요. 그래서 수비가 뛰어난 선수보다 타격이 좋은 선수가 받는 경우도 있어 팬들 사이에 '실버배트'라는 농담도 있습니다.

좋아하는 선수가 골든글러브를 받는 시즌 말 시상식은 팬에게 또 다른 즐거움이에요. 2025시즌에 NC의 김주원이 유격수 골든글러브를 받았던 장면, 두산의 양의지가 포수 골든글러브를 받았던 장면은 팬의 입장에선 잊을 수 없는 일이죠. 선수가 한 시즌에 쏟은 노력이 인정받는 순간이거든요.

⚾ MVP — 그해 최고의 선수

MVP는 Most Valuable Player의 약자예요. 그해 리그 전체에서 가장 가치 있는 활약을 펼친 선수 한 명에게 주어지는 상이에요. 타자가 받는 경우가 많지만 투수가 받기도 해요. 타격왕, 홈런왕, 도루왕 같은 개인 타이틀과 함께 MVP는 그해 야구를 대표하는 선수의 이름을 역사에 새겨요.

MVP 경쟁은 시즌 막바지에 가장 뜨거워져요. 누가 받느냐를 두고 팬들과 전문가들 사이에서 의견이 엇갈리거든요. 팀 성적을 함께 봐야 하는지, 순수하게 개인 성적만 봐야 하는지도 논쟁이에요. 그 논쟁 자체가 야구를 더 깊이 즐기는 방법이기도 해요. 김도영이 2024시즌 MVP를 받았을 때 KIA 팬들이 느꼈을 감정, 그게 한 시즌을 함께한 팬의 보람이에요.

올스타, 골든글러브, MVP를 알고 나면 시즌 내내 볼 게 하나 더 생겨요. 경기 결과만 따라가는 게 아니라 저 선수가 올해 어떤 상을 받을 수 있을지, 우리 팀에서 골든글러브 후보가 누구일지 자연스럽게 관심이 생기거든요.

시즌이 끝나는 10월, 경기가 없어도 야구 이야기가 계속되는 이유가 여기 있어요. 골든글러브 시상식이 열리고, MVP가 발표되고, 팬들이 결과를 두고 이야기를 나눠요. 야구 시즌은 한국시리즈로 끝나는 게 아니에요. 마지막 개인 상이 발표되는 날까지 이어집니다.

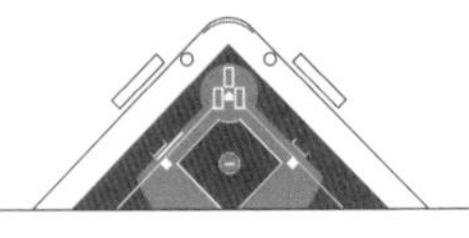

야구를 더 즐기는 법
- 중계·커뮤니티·직관의 조합

야구장에 매번 갈 수는 없어요. 티켓도 구해야 하고, 시간도 있어야 하고, 야구장이 멀면 더 어려워요. 그래도 야구를 즐기는 방법은 직관 말고도 많습니다.

중계로 보는 야구, 커뮤니티에서 나누는 야구, 그리고 가끔 찾아오는 직관. 이 세 가지가 조합되면 야구가 일상의 일부가 됩니다. 현장의 함성만큼이나 뜨거운 온라인상의 응원 열기에 몸을 싣다 보면, 어느새 다음 직관을 꿈꾸는 자신을 발견하게 될 거예요.

✕ 중계로 보는 야구

KBO 중계는 TV와 스트리밍으로 볼 수 있어요. 지상파와 케이블 채널에서 경기를 중계하고, 네이버나 티빙 같은 플랫폼에서도 실시간으로 볼 수 있습니다. 스마트폰으로 출퇴근길에 중계를 보는 팬들도 많아요.

중계로 보면 직관에서 놓치는 장면들을 잡을 수 있어요. 느린 화면으로 투구 궤적을 보거나, 해설자가 설명해 주는 전략을 들으면서 경기를 이해하는 깊이가 달라집니다. 중계창에 흐르는 실시간 데이터를 함께 살피다 보면, 야구가 왜 '기록의 스포츠'인지를 온몸으로 체감하게 됩니다. 처음 야구를 배우는 단계에서는 해설이 있는 중계가 오히려 도움이 될 때도 있어요.

라디오 중계도 있어요. 운전을 하거나 다른 일을 하면서 야구 소리를 들을 수 있어요. 화면 없이 해설만 들으면서 장면을 상상하는 야구, 그것도 야구를 즐기는 방식 중 하나예요.

✕ 하이라이트로 따라가는 방법

매 경기를 처음부터 끝까지 볼 수 없을 때는 하이라이트가 있어요. 포털 사이트나 유튜브에서 경기 하이라이트를 볼 수 있어요. 주요 장면만 5분에서 10분으로 압축한 영상이에요. 바쁜 날에도 오늘 경기에서 무슨 일이 있었는지 빠르게 파악할 수 있어요.

하이라이트를 매일 챙겨 보다 보면 어느새 리그 전체의 흐름이 보이기 시작해요. 어느 팀이 연승을 하고 있는지, 어떤 선수가 요즘 잘 치는지, 어제 어떤 경기가 극적으로 끝났는지 등 5분짜리 하이라이트가 야구 팬의 행복한 일상을 만들어줍니다.

짧은 영상 속에 담긴 결정적인 안타와 수비 장면들은 내일 동료들과 만나 나눌 즐거운 대화 소재가 됩니다. 어제 경기를 직접 보지 못했어도 하이라이트 덕분에 소외되지 않고 함께 열광할 수 있는 거예요. 하이라이트는 바쁜 일상 속에서 야구와의 연결고리를 놓치지 않게 해주는 가장 효율적인 휴식입니다.

✕ 커뮤니티의 세계

야구를 혼자 보면 아쉬운 게 있어요. 좋은 장면을 봤는데 나눌 사람이 없는 거예요. 다행히 커뮤니티가 그 아쉬움을 채워줍니다. 온라인 야구 커뮤니티에서는 경기가 끝난 뒤 팬들이 이야기를 나눠요. 좋은 플레이를 함께 칭찬하고, 아쉬운 장면을 같이 분석하고, 다음 경기를 기대하는 거예요.

팀별 커뮤니티도 있고, KBO 전체를 아우르는 커뮤니티도 있어요. 처음엔 읽기만 해도 충분해요. 다른 팬들이 경기를 어떻게 보는지, 어떤 장면을 좋아하는지 보다 보면 야구를 보는 눈이 넓어집니다.

SNS도 좋은 창구예요. 스레드나 인스타그램에서 좋아하는 선수나 팀 계정을 팔로우하면 일상적으로 야구 콘텐츠를 접할 수 있어요. 경기 소식, 선수 비하인드, 팬들이 만든 콘텐츠까지 야구가 화면 밖으로 나와서 일상 속으로 들어오는 거예요.

⚾ 직관의 특별함

중계와 커뮤니티가 있어도 직관은 따로예요. 화면으로 보는 야구와 현장에서 보는 야구는 다릅니다. 타구가 배트에 맞는 소리, 수만 명의 응원 소리, 그라운드에서 풍기는 잔디 냄새 등 이 모든 게 직관에서만 경험할 수 있는 것들이에요.

직관을 자주 갈 수 없더라도 시즌에 몇 번만 가도 충분해요. 그 한 번의 직관이 야구에 대한 애정을 다시 충전시켜줍니다. 중계로 보던 그라운드를 직접 보는 순간, 야구가 훨씬 생생해지거든요.

중요한 경기나 특별한 날을 골라서 가는 것도 방법이에요. 개막전, 라이벌전, 가을야구 등 평소보다 분위기가 더 뜨거운 날에 직관을 하면 야구의 매력이 훨씬 커져요.

중계로 매일 야구를 따라가고, 커뮤니티에서 다른 팬들과 이야기를 나누고, 가끔 직관으로 현장을 느끼는 것. 이 세 가지가 조화를 이루면 야구가 봄부터 가을까지 이어지는 생활이 됩니다.

바쁜 날은 하이라이트만 봐도 되고, 주말에 여유가 있으면 중계를 처음부터 끝까지 봐도 되고, 야구장 갈 기회가 생기면 가면 됩니다. 야구는 강요하지 않아요. 자기 페이스대로 즐기면 돼요.

그렇게 한 시즌을 보내고 나면, 다음 시즌 스프링캠프 소식이 들릴 때 자연스럽게 설레기 시작할 거예요. 그게 야구 팬의 일상이에요.

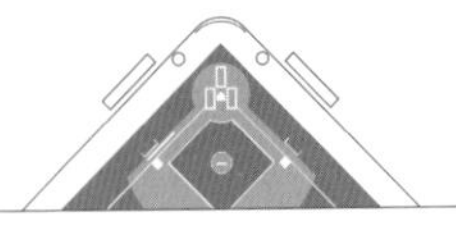

흥미로운 야구 상식

- 나 이제 야구 좀 아는 사람

야구를 보다 보면 궁금한 게 생겨요. 전광판에 K가 뜨는데 왜 S가 아닐까, 홈런을 쳤는데 왜 저렇게 천천히 베이스를 도는 걸까, 포수는 왜 저렇게 무거운 장비를 다 입고 있을까. 경기를 읽는 것과는 조금 다른 종류의 궁금증이에요.

이런 야구 상식들은 경기 결과를 바꾸진 않아요. 그런데 알고 나면 야구가 훨씬 입체적으로 느껴지거든요. 야구장에서 "어, 나 이거 알아" 하는 순간이 생기고, 함께

간 사람에게 설명해줄 수 있는 이야기가 생겨요. 그게 야구 팬이 되어가는 또 다른 재미예요.

✕ 왜 삼진을 K라고 할까요

야구 전광판에서 삼진이 나오면 K가 표시됩니다. 그런데 왜 Strike의 S가 아니라 K일까요? 19세기 미국 야구 초창기에 기록을 담당하던 헨리 채드윅이라는 사람이 있었어요. 그가 기록 체계를 만들 때 S는 이미 다른 기록에 쓰고 있었거든요. 그래서 Strike의 마지막 발음인 K를 삼진 기호로 썼다는 설이 가장 유력해요.

헛스윙 삼진과 루킹 삼진은 구분해서 표기해요. 배트를 휘두르다 못 친 헛스윙 삼진은 K로, 배트를 들지도 않고 당한 루킹 삼진은 뒤집힌 ꓘ로 표시합니다. 야구장 전광판에 K가 하나씩 쌓일 때마다, 혹은 중계 화면 한쪽에 K가 늘어날 때마다 이제 그게 예전과는 다르게 보이기 시작할 거예요.

⚾ 야구공은 경기 중에 몇 개나 쓸까요

야구장에서 파울볼이 관중석으로 날아가는 장면, 자주 보셨죠? 그런데 파울볼만 새 공으로 교체하는 게 아니에요. 투수가 던진 공이 땅에 한 번 튀었거나, 타자의 배트에 살짝 스쳤거나, 심판이 보기에 흠집이 생겼다 싶으면 바로 교체됩니다.

포수가 심판에게 공을 건네면 심판이 새 공을 꺼내 투수에게 던져줘요. 경기 중에 이 장면이 얼마나 자주 나오는지 이제 눈에 들어올 거예요.

KBO 기준으로 한 경기에 평균 90개에서 110개의 공이 쓰입니다. 한 시즌 전체로 따지면 어마어마한 공 사용 숫자예요.

공을 자주 교체하는 이유가 있어요. 흠집이 생긴 공은 투수가 의도하지 않은 방향으로 움직일 수 있거든요. 공정한 경기를 위해 항상 새 공에 가까운 상태를 유지하는 거예요.

✕ 마운드는 왜 언덕일까요

투수가 서는 마운드는 평평한 땅이 아니에요. 흙을 쌓아 올린 언덕입니다. 현재 규정상 높이는 25.4센티미터예요. 위에서 아래로 던지면 공의 각도가 생겨서 타자가 치기 어려워지거든요.

이 높이가 처음부터 지금과 같지는 않았어요. 1960년대까지만 해도 마운드 높이는 38센티미터였습니다. 그런데 1960년대에 투수들이 너무 강해지면서 타자들이 심하게 고전했어요. 리그 전체 타격 성적이 급락하자 1969년에 마운드 높이를 지금처럼 낮췄고, 그 이후 타격 성적이 다시 올라갔습니다. 마운드 높이 몇 센티미터가 리그 전체 흐름을 바꾼 거예요.

투수가 마운드 위에서 몸을 낮추며 공을 뿌리는 장면, 이제 그 높이가 수십 년에 걸쳐 조율된 결과라는 게 느껴지지 않으세요.

✖ 포수 장비를 왜 '무지의 도구'라고 부를까요

포수가 착용하는 헬멧, 마스크, 가슴 보호대, 무릎 보호대. 이 장비 세트를 영어로는 'The Tools of Ignorance'라고 불러요. 직역하면 '무지의 도구들'입니다.

왜 이런 이름이 붙었을까요? 19세기 야구 초창기에 포수는 가장 힘들고 위험한 포지션이었어요. 그 자리를 자처하는 사람은 뭔가 모자란 거 아니냐는 농담 섞인 표현에서 나온 이름이거든요.

그런데 지금은 완전히 뒤집힌 셈이에요. 포수는 '팀의 두뇌'라고 불리는 핵심 포지션이 됐으니까요. 사인을 설계하고, 경기 전체를 읽고, 투수를 다독이는 가장 영리한 선수가 포수인데 그 장비 이름이 '무지의 도구'라는 것, 야구의 오랜 유머 감각이 느껴지는 대목이에요. 포수가 헬멧을 쓰고 마스크를 내리는 장면이 이제 조금 다르게 보이지 않나요.

야구에는 이런 이야기들이 끝도 없어요. 규칙 하나에 역사가 있고, 기호 하나에 사연이 있고, 장비 이름 하나에 유머가 있습니다. 경기를 읽는 눈이 생기고 나면 이런 이야기들이 자연스럽게 궁금해지기 시작해요. 그게 야구를 보는 눈이 깊어지는 방식이에요.

야구를 오래 본 팬들도 몰랐던 이야기를 하나씩 알아가는 재미, 그게 야구가 평생 팬을 만드는 또 다른 이유예요. 야구장에서 "어, 나 이거 알아" 하는 순간이 생기면 그날 경기가 더 특별해집니다.

두 번째 야구장은 첫 번째와는 완전히 다릅니다

처음 야구장에 갔을 때를 떠올려보세요. 뭘 봐야 할지 몰랐고, 규칙이 헷갈렸고, 응원가도 몰랐어요. 전광판 숫자가 무슨 뜻인지, 심판이 왜 손을 드는지, 투수가 왜 교체되는지 등 모르는 게 너무 많았을 거예요.

그런데 지금은 달라요. 이 책을 여기까지 읽은 당신은 처음 야구장에 갔던 그 사람이 아닙니다. 다음에 야구장에 가면 완전히 다른 경험이 기다리고 있어요.

전광판의 B·S·O 숫자가 이제 보여요. 볼카운트가 쌓이면서 투수와 타자 사이의 주도권이 어떻게 이동하는지 느껴져요. 3-1 카운트에서 감독이 어떤 판단을 할지 머릿속으로 미리 그려볼 수 있어요.

투수가 교체될 때 왜 지금 교체하는지 알 수 있어요. 선발이 몇 이닝을 던졌는지, 투구 수가 얼마나 됐는지, 불펜 상황이 어떤지. 이제 그 판단이 보이기 시작해요.

내야수들이 시프트를 잡으면 저 타자의 타구 방향이 어디인지 짐작할 수 있어요. 대타가 나오면 감독이 이 타석에서 무엇을 노리는지 알 수 있어요. 포수가 마운드로 달려가면 지금 투수에게 무슨 말을 전하는지 궁금해져요. 즉 야구장의 모든 장면이 이유 있는 장면으로 보이기 시작하는 거예요.

첫 번째 직관은 야구장이라는 공간을 경험하는 거예요. 넓은 그라운드, 초록 잔디, 응원 소리, 막대풍선 소리 등 모든 게 낯설고 새로워요. 경기 내용보다 야구장이라는 공간 자체에 압도되는 경험이에요.

두 번째 직관은 경기를 보는 거예요. 공간에 익숙해진

만큼 그라운드 위에서 벌어지는 일에 집중할 수 있어요. 투수가 공을 던질 때마다 구종이 궁금해지고, 주자가 나가면 도루를 노릴지 기다려지고, 9회에 마무리투수가 나오면 긴장감이 달라져요. 같은 야구장인데 예전과는 완전히 다른 경험이 됩니다.

직관 횟수가 쌓일수록 야구가 더 잘 보여요. 세 번째 직관에서는 수비 위치가 눈에 들어오고, 네 번째 직관에서는 투수의 리듬이 느껴지고, 다섯 번째 직관에서는 경기 흐름이 읽히기 시작해요. 야구는 올 때마다 새로운 게 보이는 스포츠예요. 야구를 수십 년 본 팬들도 여전히 처음 보는 장면을 만나요. 그만큼 야구는 깊고 다양한 스포츠예요. 다 안다고 생각하는 순간 또 새로운 게 나타나거든요. 그게 야구가 평생 팬을 만드는 이유예요.

이 책을 다 읽었다고 해서 야구를 다 아는 건 아니에요. 여전히 모르는 규칙이 나올 거예요. 처음 보는 장면이 나올 거예요. 왜 저런 결정을 했는지 이해 안 되는 순간도 올 거예요. 그래도 괜찮아요.

야구는 완전히 알고 즐기는 스포츠가 아니에요. 모르는 게 생길 때마다 조금씩 알아가면서 즐기는 스포츠예요. 그 과정이 야구의 재미 중 하나거든요. 직관을 다녀온 뒤 궁금한 장면을 찾아보고, 다음 경기에서 확인하고, 또 새로운 게 궁금해지는 그 사이클이 팬을 만들어요.

이 책의 마지막 장을 덮는 지금, 어딘가에서 야구 경기가 열리고 있어요. 투수가 마운드에서 공을 쥐고 있고, 타자가 타석에서 배트를 고르고 있고, 관중석에서는 응원가가 울려 퍼지고 있어요. 그 풍경 속으로 들어가는 건 이제 어렵지 않아요.

티켓을 한 장 구하세요. 아는 사람과 함께 가도 좋고, 혼자 가도 좋아요. 유니폼이 없어도 되고, 응원가를 몰라도 돼요. 그냥 가면 됩니다.

두 번째 야구장은 첫 번째와 완전히 다를 거예요. 그리고 세 번째는 두 번째와 또 달라요. 야구장에 올 때마다 조금씩 더 보이고, 조금씩 더 느껴지고, 조금씩 더 좋아지는 곳, 그게 야구장이에요. 다시 만나요, 야구장에서!

초보도 흐름을 읽게 되는 축구 전술의 모든 것

축구가 10배 더 재밌어지는 경기 관전법

하야시 료헤이 지음 | 김정환 옮김 | 값 18,000원

일본 프로축구 리그 선수 은퇴 후 해외축구 해설가이자 칼럼니스트로 활동해온 저자는 '축구 경기를 보는 힘'을 키우기 위해 알아야 할 축구의 기본 요소들을 알기 쉽게 전한다. 경기 시간별 관전 포인트, 포메이션의 종류, 저자가 주목한 신예 선수와 감독 등 축구를 더욱 재밌게 보기 위한 다양한 정보를 공유한다. 이 책을 통해 해설자의 시선과 감독의 판단을 나란히 체험할 수 있을 것이다.

사람을 움직이는 것은 결국 다정함이다

AI시대, 다정함이 힘이다

이동엽 지음 | 값 17,000원

AI의 시대가 도래했지만, 역설적으로 사람을 움직이는 힘은 여전히 인간만의 고유한 영역인 '다정함'에 좌우된다. 이 책은 효율과 속도가 지배하는 세상에서 우리가 왜 인간관계에서 피로를 느끼는지에 대한 근본적인 질문을 던지며 그 해답으로 다정함의 가치를 제시한다. 다정함은 성격이 아니라 선택이며, 그 선택이 쌓여 결국 삶의 질과 결과가 바뀐다는 이 책의 메시지는 무한 경쟁에 지친 우리 사회에 신선한 충격과 깊은 울림을 전한다.

그들은 왕이 아니라 약속을 지켰다

단종과 함께한 사람들

강현규 지음 | 값 17,500원

단종과 함께한 그들의 삶의 궤적을 끈질기게 추적하며 깊은 울림을 완성한다. 비극의 역사로만 기억되어온 '단종애사'의 이면을 새롭게 비춘다. 권력 앞에서도 신의와 의리를 지키며 단종 곁을 지켰던 11인의 삶을 통해, 인간이 끝까지 붙들어야 할 가치가 무엇인지 묻는다. 감상적인 영웅담을 넘어 그들이 마주했던 고뇌와 선택의 순간을 생생하게 복원하며, 오늘의 독자에게도 여전히 유효한 '삶의 기준'을 깊이 있게 전하는 책이다.

관계를 망치지 않으면서 나를 지키는 단호한 문장의 힘

무례함이 선을 넘을 때 즉각 꺼내는 단호한 문장 63

박형석 지음 | 값 17,000원

상담과 실무 현장에서 마주한 '선을 넘는 말의 패턴'을 분석해, 감정적으로 폭발하지 않고도 대화의 규칙을 다시 세우는 언어를 제시한다. 이 책은 일상과 직장, 가족 관계에서 실제로 자주 벌어지는 무례한 장면을 한데 모아, 흔들리는 마음을 붙잡아줄 63개 핵심 대처 문장을 엄선했다. 이제는 상대의 말이 내 일상과 정서를 어떻게 망가뜨리는지 읽어내고 즉각 차단하는 해독 능력이 필요한 시대다.

내 감정의 주권을 되찾고 싶을 때 꺼낸 읽는 문장들

나는 휘둘리지 않기로 결심했다

정영훈 지음 | 값 17,000원

트라우마 결속, 불안 애착, 바뀌지 않는 사람에 대한 헛된 희망 등 우리가 관계에 휘둘릴 수밖에 없었던 7가지 심리적 패턴을 정밀하게 분석한다. 관계를 유지하기 위해 나를 버리는 행위가 얼마나 위험한 도박인지를 깨닫게 해준다. 일상에서 관계의 거리를 조절하는 구체적인 연습법을 제안하고, 독자들이 깨닫게 함으로써 악순환의 고리를 끊어내도록 돕는다. 이 책을 통해 억눌린 내면에 새로운 숨길을 열어주는 진정한 관계 회복을 시작할 수 있다.

우리는 이미 그의 결정 안에서 살고 있었다

일론 머스크의 위대한 결정 50가지

최경수 지음 | 값 17,500원

전 세계 산업 지형을 뿌리째 흔들어놓은 머스크의 결정적 순간 50가지를 엄선한 책이다. 뻔한 성공담은 과감히 걷어낸 대신, 머스크 특유의 사고방식이 어떻게 시스템을 재편하고 새로운 부의 지도를 그려내는지 그 '판단 기준'을 정교하게 추출했다. 위기 속에서도 스스로 판을 해체하고 재조립할 수 있는 강력한 무기를 얻고자 하는 이들을 위한 완벽한 실전 전략서다.

세상을 바꾼 미친 사람 일론 머스크의 경고

일론 머스크의 소름 돋는 미래 예측 50가지

김지은 지음 | 값 19,700원

머스크의 발언과 전망을 한데 모아, 다가올 변화의 뼈대를 보여주는 50개 핵심 시나리오를 엄선했다. 사고와 개념이 확장되는 흐름을 따라 5개의 장으로 구성했으며, 머스크 사고 체계의 정수를 함께 정리했다. 책을 통해 서로 달라 보이는 기술들이 어떤 하나의 시나리오로 수렴하는지 비교하며 이해할 수 있다.

기적의 당뇨 식사법 & 운동법

당뇨병 인생관리, 식사와 운동이 전부다

김지은 지음 | 값 19,700원

저자인 김지은 원장은 수많은 환자를 진료하며 혈당 관리에 실패하는 근본적인 이유가 의지력 부족이 아니라 체계적이고 실천 가능한 매뉴얼의 부재에 있다고 말한다. 이 책에서는 의학적 근거에 기반한 설명과 함께, 실천의 문턱을 낮춘 일상 속 운동법과 식사법을 상세히 소개한다. 당뇨환자는 이 책을 통해 스스로 삶의 주인이 되는 '진짜 관리법'을 배울 수 있을 것이다.

■ **독자 여러분의 소중한 원고를 기다립니다**

메이트북스는 독자 여러분의 소중한 원고를 기다리고 있습니다. 집필을 끝냈거나 집필중인 원고가 있으신 분은 khg0109@hanmail.net으로 원고의 간단한 기획의도와 개요, 연락처 등과 함께 보내주시면 최대한 빨리 검토한 후에 연락드리겠습니다. 머뭇거리지 마시고 언제라도 메이트북스의 문을 두드리시면 반갑게 맞이하겠습니다.

■ **메이트북스 SNS는 보물창고입니다**

메이트북스 홈페이지 matebooks.co.kr

홈페이지에 회원가입을 하시면 신속한 도서정보 및 출간도서에는 없는 미공개 원고를 보실 수 있습니다.

메이트북스 유튜브 bit.ly/2qXrcUb

활발하게 업로드되는 저자의 인터뷰, 책 소개 동영상을 통해 책에서는 접할 수 없었던 입체적인 정보들을 경험하실 수 있습니다.

메이트북스 블로그 blog.naver.com/1n1media

1분 전문가 칼럼, 화제의 책, 화제의 동영상 등 독자 여러분을 위해 다양한 콘텐츠를 매일 올리고 있습니다.

네이버TV naver.me/5liH6LAS

업로드되는 신간 책 소개를, 관련 이미지들과 함께 임팩트 있는 쇼츠 영상으로 확인할 수 있습니다.

STEP 1. 사용중이신 스마트폰의 카메라 앱을 실행해주세요.   STEP 2. 카메라 렌즈를 통해 각 QR코드를 스캔하시면 됩니다.
STEP 3. 팝업창을 누르시면 메이트북스의 SNS가 나옵니다.